本书的研究工作获得上海市科委软科学研究计划"长三角区
科技协同创新路径研究"的资助（课题编号16692112000

长三角区域
科技创新发展调研报告
2017

刘光顺　张怡　章立　胡芒谷　吴乐 ◎ 编著

经济管理出版社
ECONOMY & MANAGEMENT PUBLISHING HOUSE

图书在版编目（CIP）数据

长三角区域科技创新发展调研报告（2017）/刘光顺，张怡，章立，胡芒谷，吴乐编著.—北京：经济管理出版社，2017.11
ISBN 978 – 7 – 5096 – 5309 – 8

Ⅰ.①长…　Ⅱ.①刘…②张…③章…④胡…⑤吴…　Ⅲ.①长江三角洲—科学研究事业—发展—研究报告—2017　Ⅳ.①G322.75

中国版本图书馆 CIP 数据核字（2017）第 203565 号

组稿编辑：谭　伟
责任编辑：谭　伟
责任印制：黄章平
责任校对：雨　千

出版发行：经济管理出版社
　　　　　（北京市海淀区北蜂窝 8 号中雅大厦 A 座 11 层　100038）
网　　址：www.E – mp.com.cn
电　　话：(010) 51915602
印　　刷：玉田县昊达印刷有限公司
经　　销：新华书店
开　　本：787mm×1092mm/16
印　　张：13.75
字　　数：240 千字
版　　次：2017 年 11 月第 1 版　　2017 年 11 月第 1 次印刷
书　　号：ISBN 978 – 7 – 5096 – 5309 – 8
定　　价：68.00 元

本书的研究工作获得上海市科委软科学研究计划"长三角区域科技协同创新路径研究"的资助（课题编号 16692112000）

本书编委会

主　任：刘光顺

副主任：张　怡　章　立　胡芒谷　席芙蓉　吴　乐

委　员：（排名不分先后）

郭晓琳　李金根　金碧琼　葛章志　韩飞飞

杨艳红　徐琴平　龚美娟　夏　婷　丁小龙

滕堂伟　谢秀红　宋国梁　石朝光　张澄洪

张京超　吴　磊　吕雅娜　常海星　姜慧敏

吴晓冰　肖洪武　程　彦　鲁伟涛　严舟晨

袁光怡　罗　炜

前　　言

随着国家自主创新战略的持续推进，长三角经济转型发展、产业结构升级迫切要求加快建设协同创新区域，在提高自身竞争能力的同时加强对周边区域的辐射带动作用，这对长三角区域协同创新发展提出了新的要求。2016年3月9日，国家发改委、科技部、工信部联合发布《长江经济带创新驱动产业转型升级方案》，对"十三五"期间长江经济带区域创新驱动与产业转型进行了部署，这是继《长江经济带发展规划纲要》等一系列战略部署之后，国家又一项推进长三角区域一体化的重要规划。2016年6月3日，国家发改委又正式发布《长江三角洲城市群发展规划》。至此，长三角已成为国家战略的叠加地，丝绸之路经济带及21世纪海上丝绸之路、长江经济带、长三角一体化等战略次第实施，使该区域成为我国国民经济、社会发展、协同创新的动力之源。

近年来，长三角深入实施区域创新驱动核心战略，完善创新联席制度、共建科技资源共享平台、开展科技联合攻关，使区域协同创新能力不断提升。从2005年开始，长三角科技部门开始共同编制《长三角区域"十一五"科技发展规划》、《长三角科技合作三年行动计划》等。2008年，国务院颁布《长三角地区发展指导意见》后，长三角政府随即联合出台了《长三角地区贯彻国务院指导意见共同推进若干重要事项的意见》，科技部门以此为契机，进一步加强区域科技合作协调，在探索突破关键领域核心技术、加快创新型人才培养和引进等方面开展了一系列推动工作。经过多年的推动，为进一步深化协同创新，长三角科技创新管理需要在梳理实践的基础上总结突破。本书从科技政策、科技条件、重点产业、科技园区、科技成果转移转化等若干方面开展调研、梳理，并整理出若干建议以期供科技管理部门参考。

本次调研工作得到了上海市科学技术委员会的大力支持，并由长三角科技服务机构联盟单位共同推进、分工协作。根据调研内容，每家单位牵头承担一个主题的调研。科技创新政策篇主要梳理长三角区域各省市促进区域联动、科技合作的有关政策，明确在国家各部委对长三角政策倾斜的情况下，长三角政府的配套措施及推进状况，以梳理出目前区域协同创新方面亟待突破的政策需求。科技条件篇重点梳理区域内科技资源开放共享以及跨区域科技条件平台的建设状况及体制、机制等方面的制约瓶颈，包括大型科学仪器设备共享、科研试剂及实验动物等科学资源的共享。科技园区篇主要聚焦长三角区域内科技园区产业联动、承接和转移，园区共建的模式、实践以及需求，探索园区协同合作的发展之路。重点产业篇聚焦生物医药、装备制造等领域，研究长三角支柱产业的技术转移、配套合作、集群培育等，探索跨区域产业联动发展的路径。科技成果转移转化篇主要通过对长三角区域内技术交易的主要流向、交易方式、重点领域及龙头企业的分析，总结出区域技术市场发展的特点，以及推动技术市场发展的经验。

科技创新政策篇由安徽省科技研究开发中心牵头完成，其中李金根负责该篇的审稿，葛章志负责编写第一章、第二章，韩飞飞负责编写第三章，金碧琼负责编写第四章。科技条件篇由江苏省生产力中心牵头完成，其中吴乐是该篇的总指导，杨艳红主要负责该篇的审稿，徐琴平、龚美娟主要负责该篇内容的纂写，夏婷、丁小龙主要负责课题科技条件篇的文献研究部分。科技园区篇由上海科学技术开发交流中心牵头完成，滕堂伟负责该篇章的撰写、统稿，鲁伟涛负责组织相关调研材料。重点产业篇由江苏省高新技术创业服务中心牵头完成，其中章立主要负责章节的策划及统稿，谢秀红编写装备制造产业科技创新发展调研报告，石朝光、张京超、常海星负责收集整理与长三角区域装备制造产业科技创新发展相关的内容；宋国梁编写生物医药产业科技创新发展调研报告，张澄洪、吴磊、吕雅娜负责收集整理与长三角区域生物医药产业科技创新发展相关的内容。科技成果转移转化篇由浙江省科技信息研究院牵头完成，其中姜慧敏编写第一章、第三章、第四章，吴晓冰编写第二章，胡芒谷、肖洪武对章节内容提出了具体修改完善意见和建议，初稿由姜慧敏负责统稿、胡芒谷审定，肖洪武负责编写过程的内外部联络工作。郭晓琳负责全书的统稿、校对工作，席芙蓉负责书稿篇章策划，刘光顺是书稿总指导及负责最终审稿工作。

由于时间仓促、水平有限，本书难免存在疏漏，恳请各位专家、读者批评指正。

编著者

2017 年 8 月 9 日

目　　录

科技条件篇

```
科技园区篇
```

装 备 制 造 业 篇

生物医药产业篇

科技成果转移转化篇

科技创新政策篇

　　长三角区域作为支撑和引领我国创新型国家建设的创新型区域，建设"科技创新中心区、科技资源共享区、科技生活宜居区、科技产业创造区"已成为区域共同目标。当前，长三角区域科技"在结合中整合、在整合中融合"的发展新形势、新目标、新任务使跨行政区的区域科技政策统一、协调、对接成为重要课题。在此背景下，迫切需要加强长三角区域科技政策的研究，需要从长三角区域未来科技创新发展的主要趋势出发，深入分析现有科技政策在制定和实施过程中存在的问题及其原因，科学预测其政策需求，提出完善和优化区域科技政策体系的相关思路和建议，构筑长三角区域科技政策高地，为增强长三角区域协同创新活力、提升长三角区域整体创新实力，提供坚实的政策保障。

第一章　长三角区域科技创新政策概述

一、长三角区域科技创新与科技合作的升级换代

进入 21 世纪，长三角区域科技创新活动活跃，科技合作快速推进。长三角区域的科技合作逐步从对话性层面走向制度性层面，并由制度性层面走向国家战略层面，进而成功地实现了多个国家战略的叠加，长三角地区科技创新与合作获得了充足的动能。鉴于科技创新与科技合作是科技创新政策调整的对象，本章首先对长三角区域的合作升级、战略叠加以及动能获取进行介绍。

（一）长三角区域制度性层面科技合作的形成

2003 年 11 月，江、浙、沪两省一市共同签署《沪苏浙共同推进长三角区域创新体系建设协议书》，建立了长三角区域创新体系建设联席会议制度。2005 年，在国家科技部的指导协调下，三地科技部门共同编制、完成了《长三角区域"十一五"科技发展规划》。2007 年，国家发改委、科技部、国家知识产权局和教育部等部委联合开展了"增强长三角区域自主创新能力"专题调研，长三角区域创新体系建设联席会议办公室也着手编制《长三角科技合作三年行动计划（2008～2010 年）》。2008 年 9 月，国务院出台了《关于进一步推进长江三角洲地区改革开放和经济社会发展的指导意见》，明确提出"积极推进泛长江三角洲区域合作"，"泛长三角"概念首次被写入中央文件，意味着"泛长三角"被提至国家战略层面。2008 年 12 月，长三角区域主要领导座谈会随即通过了《长三角地区贯彻国务院〈指导意见〉共同推进若干重要事

项的意见》，确定安徽参加长三角区域合作有关活动，积极探索"泛长三角"区域合作的机制和内容。在科技创新方面，提出要努力构建具有国际竞争力的区域创新体系，实现关键领域和核心技术的创新突破，营造鼓励自主创新的政策环境，大力推进自主创新。取而代之一般性交流活动，长三角区域制度性层面的科技合作已打开新局面，科技合作的协调机制与发展目标初步形成。

（二）长三角区域合作的国家战略支持

2010年《长江三角洲地区区域规划》的出台，标志着长三角区域合作与发展已上升到国家战略层面。2013年4月，长三角城市经济协调会第十三次市长联席会议就长三角城市的协作与发展进行广泛而深入的探讨，达成多项共识，并签署《长三角城市实施创新驱动推进产学研合作（合肥）宣言》。2014年9月26日，国务院印发《关于依托黄金水道推动长江经济带发展的指导意见》，促进长江三角洲一体化发展，打造具有国际竞争力的世界级城市群。这个意见中提到沿江五个城市群的发展规划和战略定位，其中首次明确了安徽作为长江三角洲城市群的一部分，参与长三角一体化发展。2015年3月，商务部、发改委、外交部联合发布了《推动共建丝绸之路经济带和21世纪海上丝绸之路的愿景与行动》，提出要实行更加积极主动的开放战略，加强东中西互动合作，全面提升开放型经济水平，形成参与和引领国际合作竞争新优势。长三角区域经济区开放程度高、经济实力强、辐射带动作用大的优势将进一步发挥。2016年3月，中共中央政治局会议审议通过了《长江经济带发展规划纲要》，确立了长江经济带"一轴、两翼、三极、多点"的发展新格局，长三角区域的重要性更加突出。2016年6月，国家发改委和住建部正式印发了《长江三角洲城市群发展规划》，这是专为以改革创新推动长三角城市群协调发展而制订的规划，提出要培育更高水平的长三角经济增长极。显然，长三角区域已成为国家战略的叠加地，各种新的动力源必将助推长三角区域的一体化、示范化和国际化建设进程。

（三）争当科技创新高地

2016年12月，安徽省政府办公厅印发《长江三角洲城市群发展规划安徽实施方案》，总体要求是"以打造具有全球影响力的世界级城市群为目标，以一体化为主线……构建联动发展体制机制，加快补齐短板，缩小发展差距，培育发展新动能，为加快长三角世界级城市群建设提供有力支撑"。该方案彰显了安徽省融入长三角区域发展的积极性，并强化细化分工落实。在科技创新方面，将合肥打造为"创新之都"、"产业之都"，"建设全国具有影响力的综合性国家科学中心和产业创新中心，以全球视野打造长三角先进制造区，在更高的层次上推动与沪苏浙链式合作，在更高水平上推进服务业一体化发展"，"构筑辐射全国、面向亚太的开放新高地"。

二、长三角区域科技创新政策的定位与作用

科技政策是国家或地方政府为促进科技有效发展，实现整体建设目标所采取的各种重要制度及施政方针。区域科技政策是国家科技政策体系的重要组成部分，它是指国家和区域政府为实现一定区域在一定时期内经济、社会发展目标和任务，在科学技术领域内确定的实施方针和策略。长三角区域作为我国经济、科技最发达的三大都市圈之一，近年来区域一体化加速推进，科技合作交流日趋频繁，已迈入一个全新的发展阶段，迫切需要在区域政策协调方面取得突破。

区域科技政策对区域科技进步和经济社会发展具有重要的作用，建立健全区域科技创新政策体系，有利于从根本上突破不同区域科技合作与交流的政策壁垒，优化区域协同创新与科技合作环境，并最终增强区域整体的科技创新实力和核心竞争力，这是区域科技政策实施的主要作用和功能。对长三角区域而言，区域科技创新政策体系的功能定位是：激活创新资源，实现优化配置；激发创新潜力，增强创新实力；优化创新环境，促进创新合作。

（一）激活创新资源，促进科技资源跨区域优化配置和高效利用

科技政策通过项目资助、税收优惠和成果推广等措施和手段，可以增强区域对科技创新资源的集聚和利用能力，促进科技创新资源在区域空间上的优化配置。例如，通过资助区域科技基础设施的建设有利于提升区域对创新成果的吸收能力；通过对企业员工提供技能培训，对企业、高校、科研机构之间的人

员交流给予资助，有利于提升科技人力资源的水平，促进科技人力资源流动，而人力资源的流动则能有效地促进技术的扩散和溢出，在区域整体创新能力的提升中发挥重要作用。

（二）激发创新潜力，增强整体自主创新能力

科技政策是增强科技创新能力的重要手段，是加快区域科技发展的助推器。科技政策的制定和实施，有利于增加对科技创新的投入，通过设立研究课题、资助重点领域研究、推动联合研究等手段，有利于加快地区 R&D 成果的产出。另外，科技政策还有利于促进研发产品的具体化和市场化，融合在产品中的技术也就可以更快地产生技术溢出，从而提升地区整体的科技实力。

（三）优化创新环境，促进协同创新和科技合作

从宏观层面看，科技政策的重要目标是促进地区科技的协调发展。随着长三角区域一体化向纵深推进，三省一市之间的科技合作需求也将越来越旺盛，迫切需要在政策壁垒上有所突破。因此，如何促进科技资源在区域内的无障碍流通和优化配置，从而促进区域协同创新和科技合作，并最终缩小区域科技差异，促进区域科技协调发展，是长三角区域科技政策的重要功能和作用之一。

三、长三角区域科技创新政策的着力点

根据长三角科技创新和科技合作的现状、特征以及国家对长三角区域的整体考虑和安排，当前及未来较长的一段时间内，完善长三角科技创新政策、促进科技创新实力提升，需要特别关注以下六个方面的重要政策供给：

（一）如何尽快增强区域自主创新能力

长三角区域是我国改革开放的桥头堡和试验区、经济发展的增长极和"发动机"、自主创新的主力军和"排头兵"，在我国社会主义现代化建设中具有举足轻重的地位，在科教兴国与经济社会发展中具有极高的战略地位，并负有国家赋予的率先提升自主创新能力、率先发展和科学发展的战略使命和任务。

国家层面需要长三角进一步解放思想，推进改革开放，充分发挥区域优势，实现率先发展、科学发展、和谐发展，尽快建设成为中国最具活力的创新型区域。无疑，增强自主创新能力，率先实现科学发展、和谐发展将成为长三角区域未来较长时期内科技创新的主旋律。这就要求长三角区域的科技政策切实起到促进科技创新发展的催化剂作用，需要突破现有政策的瓶颈，提高现有政策的可操作性和实效性，在政策的制定和执行中贯彻民主、透明、开放的原则，在落实政策的同时加强效果评估。

（二）如何促进科技政策与经济和社会政策的协调

科技与经济日趋融合，是当前世界科学技术创新发展的重要特征和主要趋势之一。在"大科学"时代，现代科学技术的发展必须有利于社会进步和经济发展，与社会发展相协调，解决社会发展中的矛盾，还必须有利于保护人类生态环境，兼顾人类发展的当前利益和长远利益。科技发展的出发点和落脚点是经济和社会的发展。支撑社会经济可持续发展，将成为长三角区域科技创新发展的主要任务。这就要求从系统性和整体性的角度来审视科技政策，在科技政策的制定和执行过程中，要兼顾科技、经济、社会和环境等各个系统，要加强不同行业部门、地区之间的沟通与协调，促进不同政策之间的统一，尽可能地避免政策相互脱节、自相矛盾、层级脱钩。

（三）如何联合参与国际科技竞争

科学技术发展的一个鲜明特征就是全球化，世界上任何一个大的科技工程都需要世界各国科技力量的联合推进。作为发展中国家，要跟上世界的科技进步，就必须采取跨越式的技术创新发展战略，力争在世界科学技术方面占据一席之地。只有这样才能摆脱跟踪模式，才能实现跨越式发展，才会具有较强的国际竞争能力。作为我国最有活力、最具发展潜力的长三角区域更应顺应科技发展的国际化趋势，切实增强自主创新能力，主动参与国际科技竞争，积极利用全球科技资源，敢于充当我国参与国际竞争的主力军和"排头兵"。现代科学技术的规模化、复杂化、国际化发展趋势，要求长三角区域的科技工作相应地做出大调整、大联合、大协作，科技政策的制定要适应国际科技竞争需要，有利于吸纳和利用国外科技资源。

（四）如何促进国家、区域和地方政策的协同

由于地缘相近、文化相同，随着交通和通信基础设施的逐步完善，长三角区域经济的一体化程度不断提高，特别是随着上海建设国际金融中心、国际贸易中心和国际航运中心的步伐加快以及世博会的召开、安徽融入长三角，长三角一体化已成为各个层面的共识。长三角区域正在全面提升合作的范围和层次，加快区域一体化进程，寄希望于这历史性的发展机遇中，赢得各自丰厚的利益，实现互利共赢。可以预见的是，未来长三角区域之间的科技合作与交流将持续深入地展开，将向更大范围、更高领域和更深层次推进。在这个大环境下，区域科技政策的制定和实施，需要更加关注不同地方之间科技政策的协调与统一，根据不同地区的实际，实施差别化的科技政策。同时，还要注意地方科技政策与国家目标和相关政策的协调和匹配，区域科技政策要服从于国家整体战略目标。

（五）如何把握区域科技发展规律

当今世界科技进步日新月异，科技发展的加速化趋势日趋明显，创新节奏日益加快。据《创新美国》提供的数据，以产品普及美国市场50%的时间为标准，汽车用了100年、电话为75年、电力技术为50年、录像机为30年、电视机为25年、个人电脑为20年，互联网和手机则更短。创新周期不断缩短，科技发展机遇瞬息万变。如何准备把握世界未来科技发展的主要方向和大致脉络，既是长三角区域科技创新面临的新挑战，也是其科技发展所面临的新使命。因此，科技政策的制定和实施，必须要有前瞻性和战略眼光，否则就会落后于世界科技发展形势，不但不能加快和促进科技创新的发展，反而会成为科技进步的桎梏和枷锁。

（六）如何促进政府和市场的互动

科技创新的发展和区域科技政策的完善需要充分发挥政府和市场机制的双重作用，在坚持政府改革和服务的基础上，发挥市场机制的主导作用，构建开放、统一、有序的区域市场环境。重点是：建立基于科技规律和经济规律的宏观调控管理机；建立健全研究开发成果评价和反馈机制；建立完善的规范科技

活动的法律法规体系；建立健全市场配置科技资源的社会保障机制；完善市场机制配置创新资源的市场服务体系和政策支撑体系；合理定位科技资源的组织方式和管理模式。逐步形成按市场需求与城市发展目标和科技发展需要来配置科技资源的新型科技体制和结构，建立起切实有效的科技创新体系和运行机制。

第二章 长三角区域科技创新政策框架体系

一、长三角区域推进科技创新的政策选择

长三角区域三省一市在科技发展规划及相关政策的制定上，必须站在整个区域的角度上，通盘考虑其行为对整个地区科技发展和政策制定的影响，充分发挥作为长三角区域科技龙头在创新型区域建设中的支撑、引领与服务功能，在政策取向上，把支撑、引领与服务作为出发点和归宿。

（一）支撑性政策取向

长三角区域要真正起到"龙头"和支撑作用，必须努力增强自身的实力特别是自主创新能力。要在更高的层面上，将促进科技创新政策以法律的形式确定下来，把一些比较成熟、在实践中已被证明行之有效的政策上升为法律规定和区域行为。尤其是要结合国家和各地"实施中长期科学和技术发展纲要的配套政策"中有关改善创业环境、规范政府行为、理顺管理体制等方面的政策予以规范和完善，并以地方立法的形式给予明确的法律地位。同时，以各类创新企业、平台为载体，在加强区域科技资源优化配置、联合承担国家重大项目、共同增强区域国际竞争力、打造长三角人才高地、促进科技园区联动发展和促进长三角区域科技创新创业等方面，努力探索，大胆创新。

（二）引领性政策取向

各地应从驱动整个长三角区域科技进步和经济发展的角度考虑其科技、经

济管理部门与职能设置，并设立相关的部门与岗位，积极协调与长三角其他省市科技发展规划、科技政策的制定与实施、执行。积极主动地与区域内其他省市沟通有关科技发展事宜，引领长三角区域科技发展方向。各地要以更加积极的行动建立与长三角其他省市的沟通机制，通过与其他省市的共同规划，主动谋求与其他省市的联动、协同发展，避免不必要的恶性竞争及重复建设，为长三角区域科技创新及科技合作营造良好的环境。

（三）服务性政策取向

在充分考虑区域内各地分工的基础上，明确昭示本地科技发展的重点领域，在制定科技规划和相关科技政策时，不仅要考虑自身利益，而且要充分照顾到长三角其他省市的科技发展需求，逐步向长三角区域、全国、东亚乃至世界经济发展和科技进步的"服务中心"城市过渡，在增强自身自主创新能力的基础上，更好地为长三角区域提供各类服务。

二、长三角区域推进科技创新的政策目标

（一）长远目标

长三角区域协同创新政策是区域创新体系建设和区域一体化建设在区域层面的具体体现，是各地创新政策本体建设与他方联动的有机统一，详见图2-1。在转变政府职能、深化"放管服"改革的背景下，长三角区域协同创新政策将更着重于服务科技创新，营造良好的政策环境。

长三角区域科技创新政策依托于国家对长三角区域持续的战略叠加和动力输送，并立足于本区前瞻性、引领性、示范性的发展定位。它以促进区域协同创新和科技合作、提高区域自主创新能力、增强区域科技竞争力为目标，着眼于推进长三角区域率先发展、科学发展、和谐发展。

（二）短期目标

长三角区域科技创新政策短期以加速长三角区域"科技创新中心区、科技

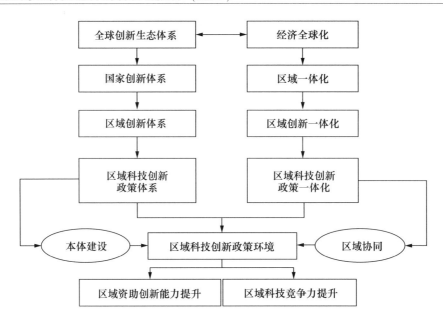

图 2-1 区域联动与科技协作的统一

资源共享区、科技生活宜居区、科技产业创造区"建设步伐，尽快把长三角建设成为中国最具活力的创新型区域，努力打造具有国际竞争力的全球第六大都市圈，显著增强和发挥其对全国发展的"带动、辐射、探索、示范"作用，真正使其成为我国改革开放的桥头堡和试验区、我国经济发展的增长级和发动机、我国自主创新的主力军和"排头兵"。

力争在"十三五"末，基本形成有利于促进区域协同创新的科技创新政策体系，长三角区域科技计划相互开放、科技资质和标准相互统一、政策落实和科技执法良性互动，大幅度提升科技创新政策的知晓度、覆盖面和兑现率。

三、长三角区域推进科技创新的政策体系

（一）国家科技创新政策体系

在国家创新体系建设的过程中，国家科技创新政策体系正在逐步形成。学

者虽然在整体上对科技创新政策体系的论述并不一致，但在诸多细节上能达成一定的共识。科技部官网对全部科技政策共分为15类，详见表2-1。此种分类并非十分合理，因为诸多政策均放在"综合"门类下。伴随科技政策的不断演化，如数量由少变多、政策对象由窄到宽、政策手段由单一到体系、政策目标由松散到形成自上而下的系统、政策方案不断趋向科学和合理等，科技创新政策体系也需不断地进行调整和完善。

表 2-1 科技部科技政策分类

综合	科研机构改革	科技计划管理	科技经费与财务
基础研究与科研基地	企业技术进步与高新技术产业化	农村科技与社会发展	科技人才
科技中介服务	科技条件与标准	科技金融与税收	科技成果与知识产权
科学技术普及	科技奖励	国际科技合作	

（二）长三角区域科技创新政策体系

区域科技创新政策体系的形成可以参照上述分类标准，但各区域政策侧重点不一，因而形成该区域独特的政策体系。按照"优势互补、紧密合作、利益共享、互利共赢"的方针，以长三角区域率先发展、科学发展、和谐发展的科技需求为导向，突出科技创新政策的区域性、科学性、实效性和开放性，从国家、区域和地方三个层面完善科技政策法规，围绕科技项目、科技成果、科技人才、科技机构和科技投入等几个方面，构建一个运行高效、协调有序的长三角区域科技创新政策体系，充分发挥科技创新政策对区域科技进步、经济发展和社会和谐的支持、引领及导向作用，详见图2-2。

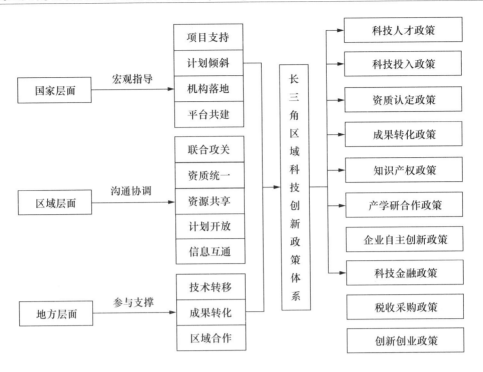

图 2－2 长角区域科技创新政策体系

四、长三角区域推进科技创新的保障机制

长三角区域科技创新政策体系的构建和完善，需要加强组织和机制建设：①政府协调机制，这是政府宏观管理层面的协调和组织机制，特别是不同地方政府之间的跨区域协调机制以及不同层级政府部门之间的磋商沟通机制。②市场运作机制，主要是产业、行业、市场、机构等市场主体的跨区域合作机制，特别是产学研合作机制和资源共享机制。③社会促进机制，主要是社会中介组织、行业协会、科技型非政府组织、政府职能衍生部门之间的跨区域合作与交流。④政策优化机制，主要是围绕科技政策本身，从政策执行的全过程，促进科技政策制定、实施和评估的科学化。

（一）政府协调机制

建立健全长三角区域科技创新政策的组织协调机制，建立跨部门、跨地区的工作协调机构和渠道，对科技政策中出现的冲突危机或者适应社会新增的服务需求做出快速而有效的反应，根据项目管理需求建立重大科技项目、重点科技行动的协调机制。

（1）要积极发挥现有政府管理部门之间的沟通和协调组织机构，特别是长三角区域创新体系建设联席会议制度及联席会议办公室，充分发挥联席会议制度在制订区域科技中长期发展规划和行动计划，组织区域性重大创新项目的合作和攻关，确定区域内共同建设的重点创新基地（机构、园区），协调和规范区域内相关的鼓励改策建立区域性信息平台、技术及产权交易平台，培育区域性高层次科技管理和科技中介人才，开展区域性创新活动和对外合作、交流等方面的纽带、桥梁和沟通、协调作用。

（2）要加强不同级别政府之间的磋商与对话，可以在目前部省（市）会商的基础上，建立健全"国家中央部门—长三角区域"的"部区"会商机制和通道，争取国家中央相关部门对区域创新体系、协调合作以及重大项目的支持。加强不同部门、不同地区之间的沟通与协调，形成落实政策的合力。

（3）建立联络员制度，每个政策的相关部门、地区都要指派一名政策服务联络员，联络员既是本部门政策咨询服务的责任人，也是汇集、沟通政策落实信息的责任人。联络员通过加强与政策服务机构的联系，负责企业或政策服务机构提出的问题进行解答，进一步加深对政策的认识。同时，采取适当措施加强联络员之间的交流和合作，使政策在实施过程中对所存在的问题以最快的速度在各个部门之间得到反馈和传递。

（二）市场运作机制

消除各种障碍，加快创新要素和产品市场一体化，主要是打破市场壁垒，整合区域内要素市场，尤其是技术和资本市场、人才市场、产权交易市场、资产评估市场等有利于产业要素自由流动的市场体系。按照已有产业基础和比较优势通过产业布局与结构一体化的制度创新，尽快建成长三角新型生产体系，完善科技资源跨区域配置的机制和体制。积极推动各种形式的产学研结合，特别是跨区域的产学研联盟，完善跨区域产学研合作机制。围绕企业技术需求，以股份制、项目公司等形式，支持企业与高校、科研院所及重点实验室组建产业技术联盟激发产学研合作的内生动力。鼓励各级重点实验室向中小企业开放，推动创新要素向企业的集聚。

（三）社会促进机制

鼓励联合建立区域内各种体制外的专业技术协作组织，协调解决跨区域产业技术整合过程中所出现的各项技术、经济、财务和法律问题；鼓励专业技术协作组织参与科技合作相关政策法规的起草，开展形式多样的民间科技合作；充分发挥专业技术协作组织的作用，为区域内的研发机构提供更多的试验基地，形成范围更广的产学研一体化的科技推广机制，使各种先进适用的技术知识迅速得到普及。

（四）政策优化机制

围绕政策的制定、执行、宣传和评估，推进科技政策体系的优化和完善促进科技政策的科学化和体系化。

（1）在制定科技政策时，要尽量拓展政策的视野，突出科技政策的前瞻性，充分考虑政策可能产生的连带影响，在政策酝酿之时坚持用事物相互联系的观点看问题，充分考虑政策措施的直接效应和潜在的间接效应，科学把握科技国际化趋势，拓展科技政策的国际现野。

（2）加大政策宣传力度，让全社会都对科技感兴趣，都对科技活动有热情，都积极寻求科技政策法规的支持，让科技政策法规进企业、进高校、进研究院所、进科技园区和产业园区、进重点实验室、进社区、进农村，使人们感到科技政策法规无处不在、无时不在。

（3）加强政策监测评估，培养成熟的政策评估主体，加快构建科技创新政策实施效果信息反馈系统，引进奖惩机制，最大限度地激发政策制定主体的责任心。

（4）加强政策理论研究，加快科技政策学的学科体系建设和科技政策学相关著作、论文的出版发行，引导科技政策研究机构提升自身素质；加快培育科技政策研究的专门人才，鼓励高等学校、相关科研机构讲授科技政策课程，在条件允许的情况下，开展科技政策人才的培育培养工作，争取设立科技政策专业或研究方向，鼓励在职科技政策研究人员到相关高校、研究机构去进修、学习和访问，以拓展研究现野、提升业务素质。

第三章 长三角区域科技创新政策的梳理

一、长三角区域协同创新政策

当前，长三角区域的科技创新快速推进，区域科技交流与合作广泛开展，区域科技竞争力不断增强，在联合开展科技攻关、实现科技资源共享、跨区域产学研合作、人才开发一体化、加强知识产权协作等方面都取得了显著成效。不可否认，这些成效与长三角区域协同创新政策的实施密切相关。同时，科技创新与科技合作活动的丰富开展，也助力了相关政策的出台。依据上述长三角区域科技创新政策体系，本章将重点介绍科技项目、科技人才、科技金融、知识产权等方面的联动政策。

（一）科技项目联动政策

1. 政策概况

为加快长三角区域科技创新进程，从 2004 年起，江、浙、沪共同设立了长三角区域联合科技攻关计划，并发布《长三角科技联合攻关项目指南》，集中区域内的科研力量，重点攻克具有共同研究基础、长三角经济和社会急需发展的、具有重大突破性的关键技术。2008 年 6 月正式出台了《长三角科技合作三年行动计划（2008～2010 年）》，进一步加大了科技合作力度，拓宽了科技合作的领域，进一步优化长三角科技创新体系。2007 年 11 月，全国区域大型科学仪器协作共用网正式开通，长三角成为七大区域网建设的重要组成部分，后期又成立了"长三角区域大型科学仪器协作共用网建设工作协调推进小组"，制定了《长三角区域大型科学仪器协作共用网管理暂行办法》。

2. 实施情况

多年来，长三角的各种专题合作已经全面展开。2004 年，江、浙、沪三地科技部门出资 1000 万元征集科技项目，确定 9 项联合攻关项目。2005 年，三地联合主办了国际纳米技术、生物技术与医药、安全查控技术等研讨会与联合攻关。2007 年 11 月，开通的长三角大型科学仪器设备协作网目前已有 3000 多套仪器入网，跨区域的服务量已达上万次。另外，瞄准国家战略需求，针对长三角区域经济社会发展中的共性问题，三地已初步确立了"水资源保护与水生态修复技术"、"危险化学品物流与安全监控管理技术"、"海洋灾害预警与防治关键技术"等多个项目，作为《长三角区域"十一五"科技发展规划》的重大项目，开展联合攻关。《长三角科技合作三年行动计划（2008～2010年)》进一步布局实施五大科技行动，启动 14 个优先主题，取得良好效果。除政府间合作外，自 2011 年起，长三角科技博览会定期召开，产学研部门通过项目展示和对接共同寻找合作点。2016 年 2 月，我国第一个跨省市、一体化发展的实践区——"张江长三角科技城"正式成立，重点突出区域融合、产城融合、科技创新的理念，探索发展新模式。

（二）科技人才联动政策

1. 政策概况

人才开发一体化是长三角区域进一步协调发展、提升区域整体国际竞争力的必然要求。2003 年 4 月，江、浙、沪三省市和 19 个城市的人事部门共同签署了《长三角人才开发一体化共同宣言》（以下简称《共同宣言》），明确了推进人才一体化工作的六大领域。在政策衔接上，三地人事部门在异地人才流动、人事争议仲裁、专业技术资格互认等政策方面进行了对接。三地共同开展理论和政策研究，完成了《推进长三角人才开发一体化的研究报告》和《长三角"十一五"人才发展思路的研究报告》，为深入推进人才开发的制度和政策衔接提供了理论依据。2003～2006 年四年间，三省市先后共同签署了《关于建立高层次人才智力共享机制的协议》等 10 个制度层面的合作协议，人才开发一体化已被纳入各级政府工作议事日程，建立了成员单位联席会议制度，共同完成了长三角人才一体化现状研究和思路研究等重大调研课题。2008 年，出台了《推进长三角人才开发一体化工作要点》，破除行政壁垒和制度障碍，细化跨区域合作开发政策。与此同时，在原国家人事部的指导下，长三角人才开发一体化工作积极参与振兴东北、西部大开发等国家区域发展战略。2005年3月，与东三省签署了人才开发合作协议；2006年10月，又与西北五省签订了合作交流框架协议。通过区域间的人才合作，初步形成了长三角人才开发的服务品牌。

2. 实施情况

江、浙、沪的19个城市人事部门积极探索建立有利于共同开展工作的一体化运作机制，通过建立工作机制，明确了分阶段推进一体化工作的步骤。围绕《共同宣言》的六个方面，三省一市重点建立、完善了长三角网上人才大市场，并建立起品牌效应；启动了紧缺人才培训工程，联合开展紧缺人才培养；推进了信息资源和智力资源的共享，建设培训教育师资库和项目库。作为长三角经济一体化的主体，各城市结合自身经济社会发展的总体目标，城市间单边和多边合作充满活力。同时，有关市区县之间、跨地区的部门间双边或多边合作也精彩纷呈，取得了许多可喜成果。2004年，苏州、无锡、南京相继出台加强高层次人才队伍建设的相关意见，提高本区域高层次人才所占比重、吸引包括长三角在内的人才资源、促使"人才回流"。2005年7月，杭州与上海、南京、宁波、合肥、温州、马鞍山和南通等城市签署了《成立长三角主要城市企业经营管理人才评荐中心联合委员会的合作协议》，力图使服务合作向高层次人才延伸。2008年起，长三角科技创新创业大赛每年进行。海外高层次人才更是长三角地区宝贵的人才资源，2011年4月，长三角海外归国人员创业投资引导基金成立，以期激励海外归国人员在各自的岗位为长三角地区科技创新、经济发展贡献力量。

（三）科技金融联动政策

1. 政策概况

2003年，中国人民银行上海分部和南京分行联合起草发布了《长江三角洲金融合作框架研究总报告》，该报告搭建了长三角区域金融合作的主要框架，促进了跨大区银行的金融合作制度和机制的建立，掀开了长三角区域金融一体化进程的篇章。2004年，江、浙、沪两省一市正式签署《江苏省、浙江省、上海市信用体系建设合作备忘录》，标志着长三角金融联动达成共识。2007 年 12 月，江苏、浙江、上海与中国人民银行共同签署了《推进长三角区域金融协调发展支持区域经济一体化框架协议》，标志着政府层面的长三角金融协调工作正式启动，协议明确提出金融协调发展的原则是"市场主导、政府推动"。2008～2011 年，连续 4 届长三角区域金融论坛分别签署了《共建"信用长三角"合作备忘录》、《共同应对金融风险合作备忘录》、《共同推进长三角区域金融服务一体化发展合作备忘录》以及《共同推进长三角区域贷款转让市场发展合作备忘录》，在金融一体化方面持续推进。2012 年，启动的长三角合作与发展共同促进基金，重点支持长三角合作与发展过程中跨区域、有共性的重大课题、重要规划、重点方案的研究，《长三角合作与发展共同促进基金管理办法（试行）》和《长三角合作与发展共同促进基金项目管理办法》也相继出台。2013 年 9 月 29 日，上海自贸区挂牌，自贸区内先行先试的金融政策带动长三角金融合作的进一步提升。

2. 实施情况

2004 年 9 月，中国建设银行在杭州召集了江苏、浙江、上海、宁波、苏州五省市建行的联动座谈会，在信息交流与联动流程方面取得了突破性进展，明确了区域金融合作的实施方案和具体时间进度表。从国有银行中的中国银行华东信息中心的设立，农业银行、中国银行在长三角区域的沟通协调机制，到股份制银行中的光大银行华东区审贷中心的设立，华夏银行在江、浙、沪区域分行的整体联动战略，再到各农村商业银行在长三角区域 16 个城市的分支机构共同签署了产品创新与共享、个人业务、市场营销与信贷管理三份合作协议，各个层级的金融机构都在长三角区域金融一体化进程的推进中发挥了重要作用，为更快实现区域金融一体化做出了突出贡献。2009 年，长三角区域发布"长三角票据贴现价格指数"并签署了《票据承付自律公约》。这一指数是全国首个区域性商业汇票贴现价格指数，标志着长三角区域金融一体化进程在金融产品创新上迈出了实质性的一步。在金融市场创新合作方面，跨境贸易人民币结算、异地进口付汇集中备案、民营企业境外放款等试点项目顺利开展。2014 年 5 月，南京市政府主办举行了泛长三角区域现代金融创新发展峰会，泛长三角 10 市成立区域金融创新合作联盟并签署战略协议，共同推进区域金融合作，实现金融资源自由流动与优化配置。

（四）知识产权联动政策

1. 政策概况

2003 年，江、浙、沪的 16 城市发表了《长三角 16 城市加强知识产权保护倡议书》，建立"长三角知识产权工作联席会议"制度，加强省际间专利行政执法的信息沟通、案件转移和调查取证工作。同年 11 月，长三角 16 个城市创建"长三角知识产权保护联盟"，连通专利技术交易网络，实现异地举报、案件转办和移交，开辟跨城市维权的快速通道。2005 年 9 月，长三角地区 27 家知识产权局共同签署《长三角地区专利行政协作执法协议》，协议主要内容包括网上信息交流、区域案件移送、协助调查取证和重大案件协作办理等内容。2009 年，《长三角地区知识产权发展与保护合作框架协议书》签署，江、浙、沪三地在知识产权行政执法、信息共享、案件移送等方面时刻保持紧密的联系。

2. 实施情况

长三角地区知识产权发展在全国知识产权发展战略布局中占有举足轻重的地位，加强知识产权的合作交流成为长三角区域的共同需求和共同愿望。在加强制度建设的同时，长三角区域还在知识产权服务方面开展协作，组建了长三角地区知识产权服务与专利交易协作网，共建行业专利交易市场。2006 年，长三角知识产权律师联席会议的设立，进一步完善了知识产权专业服务团队，强化知识产权保护。2011 年 4 月，长三角区域的 24 个市（县）知识产权局在嘉兴召开长三角地区知识产权服务联谊会成立大会暨长三角地区知识产权服务一体化论坛，会议通过了《长三角地区知识产权服务联谊会章程》。从 2008 年开始，长三角地区知识产权发展与保护状况新闻发布会即由江、浙、沪知识产权联席会议办公室联合召开，并同时发布《白皮书》和《典型案例》。此外，上海市知识产权联席会议相关部门以建设自贸区为契机，参与起草了国务院制定的《中国（上海）自由贸易试验区总体方案》以及上海市政府制定的《中国（上海）自由贸易试验区管理办法》中知识产权领域的相关政策和措施，明确了上海自贸区行政管理部门在知识产权领域的审批事项，提出了上海自贸区知识产权保护、监管、服务机制的设计，有力地推动了上海自贸区的试点改革。

二、长三角区域各省市的科技创新政策

长三角区域出台的相关科技政策在促进区域科技合作和科技发展、提升区域整体创新能力方面发挥了重要作用。本章主要从以下八个方面对长三角区域相关省市目前已出台并且正在执行的科技政策、法规、条例等规范性文件进行大致梳理，并重点介绍长三角区域各省市政策配套措施和实施情况。

（一）资质认定政策

长三角区域围绕高新技术产品企业等资质的认定，近年来相继颁布了一些规章条例。如《上海市高新技术产业开发区高新技术企业认定办法》、《江苏省高新技术产品认定实施细则》、《江苏省高新技术企业认定实施细则》、《浙江省科学技术厅关于公布 2006 年度省高新技术企业认定科技评估机构的通知》、《关于浙江省科技型中小企业认定工作实施意见》、《关于浙江省高新技术企业认定工作实施意见的通知》、《安徽省高新技术产品认定办法》等。

（二）财税优惠政策

为加大对科技创新的投入，引导科技投入结构的不断优化，长三角区域陆续颁布实施了一系列关于财政税收优惠的政策规定。例如，上海市出台了《关于对高新技术企业实行所得税若干具体政策的通知》；江苏省颁布了《江苏省发展高新技术条例》和《江苏省发展民营科技企业条例》；浙江省制定并实施了《浙江省科技型中小企业技术创新资金管理办法（试行）》；安徽省制定了《关于印发合芜蚌自主创新综合试验区促进科技和金融结合试点实施方案的通知》。

（三）科技人才政策

为加快科技人才培育、切实推进长三角科技人才高地建设，三省一市科技管理部门历来重视人才政策的制定和完善。特别是针对高新技术相关领域的人才培育，上海市接连出台了三个政策法规，即《上海市加强高科技产业人才队伍建设的若干规定的通知》、《关于进一步做好本市高新技术成果转化中人才工作的实施意见》、《上海市加强高科技产业人才队伍建设的若干规定的通知》。安徽省出台了《安徽省突出贡献人才奖励办法》、《关于贯彻〈中共中央、国务院关于进一步加强人才工作的决定〉的实施意见》、《关于进一步加强高层次专业技术人才队伍建设的若干意见》等文件。

（四）高新园区政策

高科技园区、高新技术开发区、科技产业基地等是发展科技、实现产业化的主要载体和依托。三省一市政府都非常重视高新区的发展和培育，上海提出科技领域中的"四个聚焦"之一就是聚焦创新基地，因此为促进相关基地的发展，出台了一系列政策规定和优惠措施。如《上海市促进张江高科技园区发展的若干规定》、《关于上海市高新技术产业开发区深化改革的意见的通知》等。江苏省也制定了《关于进一步加快高新技术产业开发园区建设的意见》、《江苏省高新技术特色产业基地建设工作纲要》等政策文件。安徽省出台了《安徽省"十二五"生产力促进中心发展规划》。

（五）研发机构政策

科研机构是科技创新及成果转化的主要承担者和组织者，鼓励科技研发机构特别是企业研发机构的发展，是通过自主创新能力和科技成果转化能力的基本工程。近年来，如何科学合理利用外资研发机构，也成为三省一市科技管理部门关注的重点问题之一。如上海出台了《关于外商投资设立研发机构的暂行规定》、《上海市关于鼓励外商投资设立研究开发机构的若干意见》；江苏颁布了《关于鼓励国（境）外组织和个人在江苏省设立研发机构的若干意见（试行）》、《关于加快高新技术创业服务中心建设与发展的若干意见》、《江苏省高新技术创业服务中心管理办法》；浙江出台了《关于印发浙江省高新技术企业研究开发中心管理办法（试行）的通知》、《浙江省科技企业孵化器认定实施意见》、《浙江省科学技术厅关于促进江苏省民营科技研究开发机构发展的若干意见的通知》、《浙江省省级高新技术研究开发中心组建与认定管理办法（试行）》等；安徽省出台了《安徽省人民政府关于印发国家技术创新工程安徽省试点工作实施方案的通知》、《安徽省"十二五"科技企业孵化器发展规划》。

（六）成果转化政策

区域科技发展的重要目的就是实现产业化，只有通过产业化，科技发展的成果才能真正应用于社会和人们生活中，才能真正发挥第一生产力的作用和功能。因此，制定和完善科技成果转化相关政策，是科技政策法规建设的重要内容之一。上海出台了《上海市促进高新技术成果转化的若干规定》、《关于本市加强技术创新发展高科技实现产业化的实施意见》、《关于进一步促进科技成果转移转化的实施意见》、《关于改革和完善本市高等院校、科研院所职务科技成果管理制度的若干意见》；江苏制定了《江苏省促进科技成果转化条例》、《江苏省促进科技成果转移转化行动方案》；浙江颁布了《浙江省促进科技成果转化条例》、《浙江省人民政府关于大力推进高新技术产业化的决定》、《关于进一步加强技术市场体系建设促进科技成果转化产业化的意见》；安徽也出台了《安徽省促进科技成果转化实施细则》、《安徽省促进科技成果转移转化行动实施方案》等政策。

（七）知识产权政策

加强知识产权保护，优化科技创新法律法规环境是促进区域科技进步、提升科技自主创新能力的基本保障。三省一市政府为了营造良好的创新创业环境，历来非常重视知识产权的保护，相继制定和实施了一系列相关政策法规。如《上海市专利保护条例》、《浙江省专利保护条例》、《安徽省专利保护和促进条例》、《加快知识产权强省建设实施方案》等，江苏颁布了《关于进一步加强知识产权工作的意见》。

（八）科技中介政策

为培育和壮大科技服务市场主体，三省一市试点开展科技中介服务体系建设。上海市出台了《关于进一步加强本市社会组织建设的指导意见》、《关于加快建设具有全球影响力的科技创新中心意见》、《上海市张江高科技园区科技中介组织发展扶持办法》。江苏省也发布了《关于加快发展我省科技中介服务机构的意见》，出台了《江苏科技创新服务体系建设项目管理办法》。浙江省出台了《浙江省技术市场条例》、《关于大力促进科技中介机构发展的若干意见》、《浙江省重点科技中介服务机构培育管理办法（试行)》、《关于引进"大院名校"联合共建科技创新载体若干意见的通知》。安徽省也出台了《关于进一步加快全省生产力促进中心体系建设的若干意见》、《安徽省技术市场管理条例》、《安徽省加快发展科技服务业实施意见》等政策。

三、长三角区域科技创新政策的不足

虽然长三角区域整体上有诸多协同创新政策，各地有独立的科技创新政策，政策实施也收到了良好的效果，但是与国际发达地区相比，与长三角肩负的国家使命相比，长三角区域现行科技政策还有许多不足之处。集中表现在政策的实效性、科学性、区域性、前瞻性、开放性和系统性等几个方面。

（一）实效性不够

近年来，三省一市政府制定和实施了一系列促进自主创新和科技发展方面的政策规定，但部分政策落实的效果不太理想。以民营企业技术创新优惠政策为例，有关课题组所做的问卷调查显示，只有43%的民营企业曾经获得过国家或地方政府的奖金、项目和税收优惠支持。长三角企业对国家、地方政府实施的技术创新扶助政策的评价也不尽如人意，认为"作用非常大"的只占5%，"作用较大"的占8%，"作用一般或作用较小"的所占比重超过72%，"作用低微或根本没有作用"的占5%。

（二）科学性不够

部分政策制定过程中缺乏广泛而深刻的调查研究，脱离实际，针对性不强，可操作性较差，难以落实或很难落实到位。部分政策规定单性比较大，没有可量度、方便操作的执行标准，比如大量像"加强"、"加快"、"放手发展"、"培育一批"等类似的政策条文，既没有数量和质量的限制，又很难在实际中得到贯彻执行。部分政策条文或实施细则的内容不够明确，无法让企业真正享受。政策审批的流程不够清晰，公众不了解政策的具体操作要求，有些政策手续多、落实效率低，企业享受政策的成本居高不下。政策操作不够规范现象普遍存在，个别部门和工作人员对政策把握的标准不统一，操作的随意性较大。

（三）区域性不够

长三角科技创新政策的区域性比较缺乏，政策行政壁垒和地方特色不突出并存。一方面，受行政区划的限制，许多科技标准、资质、税收减免比率不统一，在上海认定的高新技术企业到了浙江和江苏就不被认可的现象比比皆是。另一方面，政策的地方特色不突出，不同地方出台的科技创新政策，在内容上大同小异，不能很好地反映当地科技发展的重点、当地的经济产业优势和历史文化传统等。

（四）前瞻性不够

大多数科技政策的制定和执行，往往局限于解决现存的问题，"头痛医头、脚痛医脚"，没有战略眼光，缺乏前瞻性、长期性和预测性，对未来可能出现的问题和突发事件缺乏有效的应对准备。例如，一些地方为了鼓励发展高新技术产业，大建各类开发区和产业基地，对开发区和产业基地未来发展的环境问题、能源问题和土地问题等则缺乏系统考虑和前瞻布局，最后导致开发区"技术和产业开发不足"，而"资源和环境开发过度"。

（五）开放性不够

是否允许外资研发机构参与本地科技计划特别是重大科技计划，是衡量该地科技政策开放程度的重要标志。近年来，长三角区域科技政策对外开放度越来越高，例如，浙江明确提出允许外资参与本地各级科技计划，上海、江苏、安徽也积极鼓励外资研发机构承担本地各类科技计划，南京和苏州市政府积极鼓励并大力扶持外资研发机构联合或单独申报国家及省市各类科技计划，且予以经费和政策扶持。但与其他国家和地区相比（世界上的许多国家，如印度，除国防等涉及国家安全的领域外，其他领域基本都对外资研发开放），特别是与长三角日益国际化的科技创新形势相比，其政策的开放程度还有较大的提升空间。国外科研人员、机构和企业在中国开展科研活动依然面临许多障碍，中国的许多产业领域依然是外商研发投资的禁区。

(六) 系统性不够

表现为：①科学政策与技术政策不协调，存在比较突出的"重技术、轻科学"现象，导致科研机构和科研人员急功近利，浮躁之风屡禁不止。②不同部门、不同行业、不同类型的政策不协调甚至矛盾，科技政策与经济政策、产业政策、社会政策缺乏衔接。③科技政策服务体系不健全，政策种类繁多，但就科技企业、人员个体而言，基本上都是点对点的"单打一"服务，没有一个或几个综合并相对集中的整体性服务体系，部门之间、机构之间、地区之间的政策推进协调机制尚待提升。科技政策协调既包括政策制定执行各个环节之间的协调，也包括政策相关部门、地区之间的协调，还包括政策主体与受体之间的协调，需要克服政策制定和实施脱节情况，加强不同政策主体、政策主体与政策受体之间的沟通和交流，建立健全协商对话渠道和机制。

(七) 宣传力度不够

政策前期宣传力度不够：①对政策本身的宣传不够，政策条文出台了很多，但了解政策条文的科研单位和人员不多，由于宣传不力，许多科研机构和人员甚至不知道某些政策的存在。②对政策操作流程、实施细则和注意事项的解释说明不清楚，导致很多单位和人员不知道如何操作，也不知道如何享受政策。③宣传的形式简单，过于单一，多局限于讲座、发册子、发传单，而没有充分利用现代网络技术。政策评估机制不健全主要表现为：①评估主体缺位，没有专门机构对各地目前所推行和实施的政策的有效性进行现状评估和跟踪研究，我国及长三角区域至今没有真正意义上的科技评估机构，专业的科技政策评估人才也非常缺乏。②评估信息反馈渠道不畅，政策受体不知道对政策的反馈意见应该流向何处，而政策制定者（政策主体）无法及时获得政策执行中的真实信息。③缺乏相应的奖惩机制和公开机制，即使开展了评估，最后也大多流于形式。

第四章　长三角区域未来科技政策需求

面对国际和国内发展大环境的深刻变化，面对国家及各部委对长三角政策倾斜的大背景，长三角区域既需要加强自身的政策创新，也需要完善已有的政策措施，以促进区域联动和科技合作走上新台阶。

一、加强组织机构建设和科技合作政策

在现有长三角区域创新体系建设联席会议的基础上，组建由分管副省（市）长组成的长三角科技合作领导小组，研究决定区域合作规划与重大科技合作事宜，把加强科技合作、推进长三角科技创新体系建设工作纳入各级党政领导科技进步目标责任制考核内容，加强督促检查。推动建立"国家部委—长三角"会商制度，密切与国家政府有关部门的联系，强化国家部委对长三角区域科技创新的指导和支持。面向国内外聘请高层次专家组建科技创新咨询机构，为区域科技一体化发展提供科学的咨询论证意见，指导区域内研究机构联合开展区域科技发展规划、重大政策措施、科技政策评估等研究工作，探索制定区域性科技合作法规条例，促进三省一市科技规划计划、科技政策等相互衔接。

二、加大科技合作的财政投入力度

由国家引导、三省一市为主设立长三角科技合作与自主创新专项资金，首

期启动资金 4 亿元，三省一市各出资 1 亿元，以后每年递增，增长幅度不低于财政收入增长幅度。围绕国家战略和长三角经济社会发展的重大需求，联合组织力量，积极承担量子通信、大飞机、大规模集成电路、新药创制、重大疾病防治、嵌入式系统与软件、新能源利用等国家重大科技专项，支持开展电子信息、生物医药、重大装备、纺织、石化、钢铁冶金等若干战略产业的重大科技联合攻关，支持中小型科技企业创新与技术吸收，显著提升长三角自主创新能力。

三、促进人才优化配置和高端人才的共享与引进

依托长三角人才公共服务网络信息平台，建设长三角地区建立统一标准的各类人才信息库，形成定期发布区域人才市场供求信息制度，结合长三角科技经济社会发展，对人才需求进行定性定量分析和预测，共同发布紧缺人才需求目录，促进人才合理流动。共同组建长三角国际人才市场，探索与国际通行做法相衔接的人才评价方法和职业资格认证体系，为引进、培养和造就长三角科技经济发展所需的国际型人才创造条件。建立长三角科技专家库，完善高层次人才和智力共享机制，邀请异地专家参加重大项目、重大决策等咨询评审。推行科技干部跨地区挂职锻炼，加大推行三省一市科技干部互相派遣、互相挂职力度，形成干部相互学习交流的制度。

四、探索科技创新载体一体化建设与发展机制

以长三角地区内应用研究实力雄厚的高校、科研院所、各类工程（技术）中心等创新资源为基础，根据区域内产业集群的特点和发展需要，统一规划和布局，共建若干重大产业技术研发中心、重点实验室，进行前瞻性的共性关键技术研究，突破长三角高新技术产业发展的技术瓶颈。探索省（市）政府与科技部共建创新载体，支持相关企业、高校、科研院所联合建立一批国家级高新技术的公共研发平台和产业化基地，率先在电子信息、生物医药、纳米技术、新能源、风电装备、纺织机械等领域共建具有国际水平的研发平台和产业

化基地。创新高新园区发展机制，鼓励和支持国家级高新区跨区域建立"飞地式"分区，通过并购、参股控股等方式，共享品牌、管理和先进理念，促进区域资源和市场整合，共同推动产业结构优化升级。

五、联合开展科技与金融相结合工作

积极探索成立长三角产业投资基金，以集合投资的方式，向社保、保险、商业银行、政策性银行、投资公司等募集成立，组建专门的资金管理公司，实行市场化运作，所有权和经营权分离，募集资金主要投向高新技术产业和创业初期的科技型企业。由三省一市政府共同出资设立长三角风险投资引导基金，采取"母基金"方式运作，吸引国内外创业投资机构进入长三角，重点扶植生物医药、集成电路、软件、新能源、新材料等高科技产业的初创期企业，支持跨省市开展创业风险投资活动，调动市场风险投资机构向长三角高新技术产业集聚。设立长三角科技贷款担保风险准备金，鼓励区域内的南京银行、上海浦东发展银行、宁波银行、浙商银行、徽商银行等地方性商业银行加大对科技企业的信贷力度，健全银行对科技企业和项目贷款的风险补偿机制，拓宽中小科技型企业的融资渠道。

六、以知识产权保护共促创新型企业发展

创新知识产权管理工作体系，在长三角先行探索专利授权、商标和版权的登记注册集中管理的"三合一"模式。设立知识产权预警联络点，在长三角知识产权管理部门、行业协会和大企业中建立联络点，定期交流信息，发挥上传下达作用。建立和完善长三角知识产权保护协作网络，实现异地举报和跨省市维权，建立案件转办的快速通道，设立知识产权巡回审理庭，联合打击知识产权违法行为。联合制定自主创新产品认定管理办法，定期认定和发布长三角地区自主创新产品目录及企业名单，实施自主创新产品优先采购和首购制度，扩大采购范围和采购规模，培育创新企业品牌和创新产品品牌。

科技条件篇

　　科技基础条件是国家创新体系的重要组成要素，科技基础条件资源是国家发展的战略性资源，决定了国家科技创新能力的强弱。在日益激烈的国际竞争中，科技资源共享作为科技资源优化与整合的重要手段，不仅能够缓解当前科技资源有限与高效利用之间的矛盾、实现科技资源的集约化增长，而且能为区域创新与协调发展提供物质基础，进一步推进整个国家的科技竞争力。

　　长三角地区是我国经济增长最具活力、增长潜力最大的地区之一，也是拉动我国经济快速发展的重要一极。作为我国科技创新的前沿阵地，长三角区域内科技基础条件资源共享的深度与广度将对长三角区域科技创新发展产生重要的影响。因此，本部分内容从长三角地区科技基础条件资源管理与共享的视角入手，梳理长三角区域条件资源存量、分布、共享和利用情况，研究长三角区域科技资源共享模式和运行机制，为深入推进长三角区域科技条件资源共享提出相关意见和建议。

第五章　长三角区域科技资源现状研究

　　长三角作为我国科技资源分布最为集中和丰富的地区之一，近年来在加强创新能力建设方面采取了多种措施，科技基础条件得到了显著增强，大型科学仪器设备①、研究实验基地②、生物种质资源③以及科技活动人员④等数量和质量大幅提高。

　　根据《2014 年度全国重点科技基础条件资源调查年度报告》（以下简称《调查报告》）显示，截至 2014 年度，长三角地区是全国大型科学仪器设备的主要分布区域，上海和江苏的大型科学仪器设备数量分列全国省市第二位和第三位。长三角地区已集聚区域内价值在 50 万元以上的大型科学仪器设备 15116 台（套）；建有各类研究实验基地 1625 个，包括设立在高等学校、科研院所和部分企业中的各类国家重点实验室、国家重大科学工程（国家重大科技基础设施）、工程（技术）研究中心、分析测试中心、研发（技术）中心、野外观测台站六大类型。长三角地区生物物种保藏机构有 62 家，包括植物保藏机构 38 家，动物保藏机构 11 家，微生物保藏机构 13 家。浙江省的植物物种资源丰富，植物种质资源总量超过 7.8 万份。上海市、浙江省单位平均保藏植物种质资源数量较高，分别为 10572 份、6523 份。长三角地区从事科技活动的具有博士学位或副高级以上职称的高层次人才 13.09 万人。其中，江苏省、上海市

---

　　①　大型科学仪器设备是指原值在 50 万元及以上的大型科学仪器设备。

　　②　研究实验基地专指经各级政府部门批准，并依托法人单位建立或者设立的从事各类科技活动的机构，包括重点实验室、工程中心、分析测试中心、大型科研设施、生物安全实验室、野外台站等。其中各类重点实验室包含国家重点实验室、国家工程实验室、部属重点（开放）实验室、省部共建重点实验室、省属重点（开放）实验室、生物安全实验室及其他实验室。

　　③　生物种质资源是指植物、动物、微生物菌种三类资源。

　　④　科技活动人员是指从事各类科技活动的人员（高校包括从事教学活动人员），包括科教人员、科研管理人员、科研辅助人员等。

的高层次人才总量一直保持领先，分列全国省市第二位、第三位。

一、江苏省科技资源现状

江苏是科技基础条件资源大省，科技资源拥有量一直居全国前列。根据《调查报告》显示，截至 2014 年度，江苏省建有 755 个研究实验基地，数量居全国第二，其中国家级及部属研究实验基地共 223 个，省、地属研究实验基地 532 个；50 万元以上的大型科学仪器设备 4638 台/套，设备原值 56.65 亿元；生物物种保藏机构有 27 家，保存各类种质资源种类数 2.54 万份；高层次科技人员 5.26 万人，数量居全国第二，其中拥有高级职称的科技人员 4.21 万人，其中正高职称 1.23 万人，副高职称 2.98 万人。

近年来，江苏省高度重视科技基础条件共享服务平台的建设，提升服务能力，完善服务体系，促进资源共享。江苏省科技基础条件共享服务平台主要包括江苏省大型科学仪器设备共享服务平台、江苏省工程技术文献信息中心、江苏省农业种质资源保护与利用平台、江苏省知识产权公共服务平台、国家遗传工程小鼠资源库、国家非人灵长类实验动物种子中心（苏州分中心）、江苏省重大疾病生物资源样本库 7 家平台。目前 7 家平台均组建了相关管理组织，共有专职服务人员 537 人。

截至 2016 年，江苏省科技基础条件共享服务平台汇集了 3000 多家科技服务机构，涵盖了 169 家重点实验室、278 家科技公共服务平台、2980 家工程技术研究中心等；集聚仪器入网单位 528 家，入网机组 6800 台/套；整合集成 10 家共建单位的 61 个国内外核心全文数据库，本地电子信息资源总量超过 87040GB，联合目录及元数据量超过 19100 万条；拥有国内及国外主要国家和地区专利数据 9849 万条，其中国内 1611 万条、国外 8238 万条；拥有种质资源库 47 家，其中国家级 24 家、省级 23 家，保存农作物、林木、水产、家养动物四大类种质资源 57551 份。拥有小鼠品系 3184 种，其中自主研发 553 种，运用转基因、基因剔除技术和 ENU 诱变与选等方法，建立糖尿病、心血管疾病和肿瘤等重大疾病模型的相关小鼠品系 1200 多种。实现 12035 只非人灵长类种群的存栏量，占我国同类资源数量的 4.49%，累计筛选出符合要求的实验动物 10077 只。江苏省科技基础条件共享服务平台为服务江苏省科学研究、民生事业、产业升级、创新创业以及区域创新等方面提供重要支持。

二、浙江省科技资源现状

浙江省科技资源丰富，科技实力居全国前列，拥有丰富的自然资源和人力资源。根据《调查报告》显示，截至 2014 年度，浙江省建有 284 个研究实验基地，其中国家级及部属研究实验基地共 106 个，省、地属研究实验基地 178 个；50 万元以上的大型科学仪器设备 2865 台/套；生物物种保藏机构有 21 家，其中植物保藏机构 12 家，保存植物种质资源总量超过 7.8 万份；高层次科技人员 2.53 万人，其中正高职称 6300 人。

近年来，浙江省主动适应大数据时代、创新政府管理方式、提升精准服务能力，2014 年启动"科技创新云服务平台"建设，以用促建，处实效功，不断丰富拓展功能，在促进科技资源开放共享、简化服务流程、降低中小企业创新成本、推动大众创业万众创新等方面效果卓著。浙江省科技创新云服务平台按照统一、整合、共享、服务原则建设，将科研项目、企业研究院、高新技术企业、网上技术市场、科技报告等各类子平台，全部集中到"同一个平台"上，并通过整合企业、项目、院所、创新载体等各类科技数据，实现全部科技数据、系统、资源的"一网打尽"。

截至 2016 年，浙江省 152 家省重点企业研究院、335 家省级企业研究院、282 家省重点实验室（工程技术中心）、2217 家省高企研发中心、84 个平台及 79 家科研院所等创新载体；2.1 万余家高新技术企业、科技型中小企业和创新型企业；省级全部科研计划项目等已全部整合进平台。平台有近 7.8 万条对外服务信息，6 万多台/套科研仪器可对外提供共享服务。并坚持用户需求为导向，围绕"政务应用云""公共服务云"建设，不断拓展、丰富云平台的科技服务内涵，努力打造"云上的科技淘宝超市"。

三、上海市科技资源现状

上海市作为全国科技创新的前沿阵地，科技基础条件资源丰富，且各类资源的数量呈逐年上升的趋势。根据《调查报告》显示，截至 2014 年度，上海市建有 340 个研究实验基地，其中国家级及部属研究实验基地共 224 个，市地属研究实验基地 116 个；50 万元以上的大型科学仪器设备 6082 台/套；拥有 10 家生物种质资源保藏机构；高层次科技人员 3.46 万人。

近年来，上海大力推进以大型科研设施为重点的科技条件资源开放共享，积极打造上海研发公共服务平台，以增量资源为抓手，重点调动、盘活存量资源，提高资源的使用效率。平台由科技数据共享、科技文献服务等 10 个子系统构成资源服务系统，平台门户网站注册用户超过了 70 万人次，用户数量连续七年稳居全国同类网站首位，累计访问量近 5.77 亿次。

截至 2016 年，上海研发公共服务平台汇集了各类加盟机构 1200 多家，涵盖了 117 家重点实验室、232 家工程技术研究中心、34 家国家级检测中心、22 家国家级技术转移示范机构等；集聚大型科学仪器近 9000 台/套；拥有 3 万余名高层次科研人才及 1000 多名技术创新服务专家信息；35 家科技文献加盟机构，收录期刊 7900 余种、标准 57 万件、专利文献 6000 余万条。平台可提供各类研发服务项目 40 万余项，包括科技文献服务、科学数据共享、仪器设施共用、技术转移转化、创业孵化、检验测试、人才培训、科技金融等多种类型。

四、安徽省科技资源现状

安徽省科技资源总量不大，但在局部区域呈现出高度密级状态，科技资源呈现出区域性偏态分布的特征。根据《调查报告》显示，截至 2014 年度，安徽省建有 246 个研究实验基地，其中国家级及部属研究实验基地共 71 个，省、地属研究实验基地 175 个；50 万元以上的大型科学仪器设备 1531 台/套；生物物种保藏机构有 5 家；高层次科技人员 1.84 万人，其中正高职称近 4000 人。

近年来，安徽省注重发挥基础优势平台先导作用，强调建设和提升重点实验室研究基地、工程技术研究中心、大型科学仪器、科技文献信息、科技成果转化、实验动物等专项平台的共享能力和服务水平，完善共享服务机制，加大开放共享力度，在集聚人气上下功夫，努力提高共享度。

截至 2016 年，平台收录标准 11 万条，专利 246 万条，文献信息 1700 万条，涵盖了全省区域内 85% 以上的科技领域，已具备了外文期刊、大型数据库、发明专利、标准文献、科技报告、科技成果等多项服务功能；集聚了区域内 211 个单位的 1695 台套大型科学仪器设施，总价值 18.72 亿元，专业分析测试单位 32 个，重点实验室 43 个，工程技术中心 36 个，专家成员 16 人，组织入网仪器设备 532 台套，社会化服务维修网点 3 处，提供网上信息有试剂标样、调剂配送服务，维修工程师网上服务，专家疑难解答，网上科学仪器会展等内容。

第六章 长三角区域科技资源共享模式与运行机制

科技资源在科技创新能力建设中发挥着越来越重要的作用，并成为创造科技成果和推动经济社会发展的第一资源。在国家政策的指引下，长三角地区科技资源共享工作呈现出良好的发展态势，地区科技资源共享工作与国家和地方的政策导向和发展需求紧密结合。同时，三省一市根据自身特点，优化科技资源配置，加强科技服务体系建设，突出地方特色经济发展需求，形成了具有地方特色的科技资源共享工作思路与推进模式。

一、江苏省科技资源共享模式和运行机制

江苏一直积极推进科技资源开放共享，着力在管理体制机制的顶层设计、市场机制的需求拉动、服务方式、服务能力的提升等方面，全面推动科技资源开放共享工作。

（一）加强顶层设计，促进资源优化整合

为落实国务院70号文件精神，江苏省研究制定并发布了《省政府关于重大科研基础设施和大型科研仪器向社会开放的实施意见》，建立科研设施和仪器的开放、运行、维护、使用管理制度。同时，江苏省大型科学仪器设备共享服务平台、江苏省工程技术文献信息中心7个江苏省科技基础条件共享服务平台均制定了一整套管理办法或章程，规范管理机构、整合资源、建设运行、开放服务、奖励激励等方面。通过理事会制度建立起跨部门、跨系统协同机制，

有效整合了涵盖大型科学仪器、科技文献、农业种质、知识产权、实验动物、重大疾病样本等7大类科技资源，充分发挥行业主管部门的指导作用，协同推进资源整合和开放共享。加强网络服务平台建设。按照"互联、互通、共享、共用"的总体思路，全省7家科技基础条件共享服务平台均建有省级网络服务平台，能够实现资源相关信息线上线下同步更新，提供一站式服务，并逐步建立覆盖全省的网络体系。

（二）创新服务模式，提升开放共享水平

江苏坚持需求导向，从用户需求出发，推出定制服务和精品产品，满足创新需求提供有针对性的服务。以苏南国家自主创新示范区产业发展和专业孵化器中小企业创新需求为导向，在南京、镇江等8个地区，授牌建立36个"一站式检测服务平台"专业服务站，推动大型仪器服务中小企业。省仪器平台、工程文献中心和知识产权公共服务平台等组团送资源进科技园区，面对面与中小企业推介资源服务。利用"互联网+科技服务"模式，开展灵活多样的共享服务。国家遗传工程小鼠资源库开通定制服务订购平台，江苏省工程技术文献信息中心推出移动客户端——文献快车App，用户随时随地享受到海量、即时的文献信息资源和服务，江苏省知识产权公共服务平台通过4008-869-661咨询服务热线，为公众提供咨询服务。

（三）完善支持机制，促进平台持续发展

加强人才队伍建设。组织开展分析测试标准、方法的研究和仪器研发等，对一线服务人员开展标准化、专业化、规范化和常态化的培训，设立分析测试、动物实验新技术新方法课题研究，不断提升平台专业服务人员的技术水平。健全绩效考核机制。平台根据自身特点制定绩效考评办法、指标体系等，通过后补助方式给予子平台或者中小企业用户支持。

二、浙江省科技资源共享模式和运行机制

浙江省启动"科技创新云服务平台"建设，以用促建，不断丰富拓展功

能，在促进科技资源开放共享、简化服务流程、降低中小企业创新成本、推动大众创业万众创新等方面效果卓著。

（一）打造创新云服务平台

浙江省科技创新云服务平台按照统一、整合、共享、服务原则建设，通过整合企业、项目、院所、创新载体等各类科技数据，实现全部科技数据、系统、资源的"一网打尽"。围绕"政务应用云"、"公共服务云"建设，不断拓展、丰富云平台的科技服务内涵，努力打造"云上的科技淘宝超市"。

（二）打造智能化服务模式

浙江省科技创新云服务平台提供可视化信息查询服务，推出"浙江科技创新数据地图"；与"创新浙江"微信公众号联结捆绑，开辟了微科技、微服务、微互动等栏目，平台移动版实现用户足不出户，用手机查询、办理相关业务的指尖服务。最便捷的是"浙江科技创新数据地图"，结合地理信息系统，对大型科学仪器设备以及重点实验室、重大科技创新平台等服务资源进行定位，社会公众既可以从地理分布了解浙江的区域创新优势和发展状况，还可以对科技资源及服务进行查询与预约，从而实现服务的智能化。

（三）打造网上技术交易模式

浙江省科技创新云服务平台整合"中国浙江网上技术市场"、"科技报告"等系统，实行并网运行、互联互通，打通产学研合作的"最后一公里"。企业可发布技术需求、展示高新技术产品，国内外科研机构可在云平台发布技术信息，双方通过云平台实现技术、成果"云上的交易"。

三、上海市科技资源共享模式和运行机制

为深入实施创新驱动发展战略和建设具有全球影响力的科技创新中心，上海市积极打造上海研发公共服务平台，推动科技资源共享。

（一）注重完善政策体系

2007 年 8 月，上海市在全国率先制定了大型科学仪器设备资源共享的地方法规——《上海市促进大型科学仪器设施共享规定》，提出要对市区县财政支持购置或建设的大型科学仪器设施，建立信息公开、新购评议、共享评估等制度。这也是在全国范围内出台的第一个激励大型科学仪器设施开放共享的地方性法规。

（二）注重创新服务模式

上海市研发公共服务平台通过在区县、园区等设立服务站，推进科技资源共享服务的落地；通过引入专业化的科技中介机构，提高资源供需双方的对接效率；通过建设上海科技服务热线，实现公共科技服务的综合受理，做深做实科技资源共享服务。

（三）注重实施激励机制

上海在全国较早地实施了科技资源共享双向激励的政策，在对资源拥有单位对外共享服务开展奖励补贴的同时，也对中小企业使用公共科技资源开展科技创新给予补贴，降低创新成本。上海市研发公共服务平台注重综合运用创新券、补贴以及政府购买等方式，加大对资源共享和企业创新的激励；建立科技文献资源服务的政府购买机制，通过"政府购买、免费使用"的方式，使财政资金投入产生明显的倍增效应。

（四）注重发挥辐射作用

作为国家科技条件资源聚集的高地，上海市注重发挥辐射带动作用，积极推进资源共享服务向长三角乃至全国覆盖，推进科技资源跨区域的开放共享。2013 年上海与浙江省长兴县合作，共同出台了《上海研发平台加盟服务机构接受与兑现长兴县科技券的实施细则》，开创了全国首例跨区域"科技创新券"服务试点，加速了两地科技资源共享的步伐。目前，除浙江长兴外，江苏苏州、宁夏石嘴山等地区的企业也可以利用当地的创新券，通过网络平台获得上海的高端科研仪器设备和研发技术服务。

四、安徽省科技资源共享模式和运行机制

安徽省在推动仪器设备开放共享过程中，注重激励机制的研究与制定，通过一系列的政策激励，有效地提高了仪器设备的开放服务程度和开放服务水平。

（一）实行双向补贴机制，提高仪器利用率

2014 年，安徽省出台了《大型科学仪器设备资源共享共用补助实施细则（试行）》，提出对仪器设备的拥有方和使用方实行双向补贴机制。双向补贴模式，一方面形成了省和市（县）科技财政的有效互补，避免了财政重复投入，提高了各级科技财政资金使用效率；另一方面，通过双向补贴有效地调动了仪器设备拥有方和使用方的积极性，促进了仪器设备利用效率的提高，支撑了企业的科技创新。

（二）实施创新券政策，强化企业创新意识

2014 年，马鞍山市率先在安徽省实施科技创新券政策，面向中小微科技型企业，鼓励和支持其集聚创新资源、提升创新能力。创新券的实施有效地促进了企业对科技创新的投入，营造了企业创新的良好环境，凸显了科技财政资金的带动作用；强化了企业创新意识和主体地位；提升了企业自主创新能力。

（三）实行仪器购置双向补助，激发企业创新活力

安徽省为了调动企业开展科研活动的积极性，2014 年出台了《安徽省支持自主创新能力建设实施细则》，对购置用于研发的关键仪器设备（原值 10 万元以上）的企业，省、市（县）分别按其年度实际支出额的 15% 予以补助，单台仪器设备补助分别不超过 200 万元，单个企业补助分别不超过 500 万元。对于获得补助的企业，要求将购置的仪器设备纳入安徽省科学仪器设备网络服务平台，对外开放服务。实施仪器购置双向补助，为企业和相关单位科技创新活动提供重要的物质基础保障。

（四）建立激励机制，调动技术人员积极性

中国科技大学对于仪器设备使用效率高、服务质量好的工作人员给予激励。在职称晋升和绩效考核方面，既考虑支撑服务的工作量，更考虑支撑工作的质量和成效，从制度和机制层面引导实验技术人员在实验过程中更注重服务的质和量，提高他们对仪器设备开放服务的积极性和主动性。安徽省地质实验研究所等公益二类事业单位制定相关奖励政策，仪器设备开放服务所得收入按照一定的比例可用于实验技术人员的绩效奖励，调动了仪器设备实验技术人员工作的积极性，推动仪器设备在满足单位科研教学的基础上，最大限度地对外开放服务。

第七章　大型科学仪器设备资源
在长三角地区的开放共享研究

　　为加快构建和完善长三角区域创新体系，进一步拓展合作领域、丰富合作内涵，充分利用各地现有的资源，在国家科技部、长三角区域创新体系建设联席会议的领导下，以及上海市科委、浙江省科技厅、江苏省科技厅和安徽省科技厅四方的共同努力下，国家首个跨省市的区域创新体系、长三角科技资源共享服务平台——长三角大型科学仪器协作共用网（域名：http：//www. csjpt. cn，简称大仪网）顺利建成，并于 2007 年 6 月 21 日正式开通并投入运行。

　　长三角大型科学仪器协作共用网是在长三角三省一市各自仪器共享资源的基础上建成的，本着"共建共享、协作服务、优势互补、互利共赢"的原则，采用"分布建设，系统整合"的模式进行组建，并陆续开通了"长三角科技文献系统"、"长三角技术转移服务系统"、"长三角资源条件保障系统"和"长三角专业技术服务系统"四个子系统，根据三省一市自身的资源优势，分重点、多层次地建立了各自特色的公共服务平台，并对外开展服务。同时，为保障大仪网的高效运行及节约运营费用，各地区陆续出台一系列如"共享平台管理办法"、"仪器新购评议"、"共享平台评估及奖励办法"等各种管理措施，在经济和社会效益方面成果显著。

一、大型科学仪器设备资源在长三角地区的整合情况

（一）加强区域联动，规范大型仪器开放共享

由上海市科委、浙江省科技厅、江苏省科技厅、安徽省科技厅四家单位联合设立长三角科技资源共享服务平台建设工作小组，具体指导和推进三省一市各自的管理和服务机构开展平台建设、日常运行的相关工作。同时各地区陆续出台一系列管理文件，包括上海地区：《上海市促进大型科学仪器设施共享规定》、《上海市大型科学仪器设施报送暂行办法》、《上海市新购大型科学仪器设施评议实施办法》、《上海市大型科学仪器设施共享服务评估与奖励暂行办法》等；浙江地区：《关于促进浙江省大型科学仪器设备协作共用的若干意见》、《浙江省省级财政资金新购大型科学仪器设备联合评议试行办法》等；江苏地区：《江苏省大型科学仪器设备共享服务平台管理办法》、《江苏省大型科学仪器设备共享服务平台运行绩效评价办法》等；安徽地区：《安徽省大型科学仪器设备协作共用实施管理办法》、《入网仪器共享服务运行补贴实施细则》、《入网仪器运行考核办法》等一系列管理文件，规范各地区平台运行管理。

（二）优化科技资源配置，布局构建区域协作网

在长三角大仪网的基础上，建立了一体化的、集成式的仪器平台信息服务系统，陆续建立了"长三角科技文献系统"、"长三角技术转移服务系统"、"长三角资源条件保障系统"和"长三角专业技术服务系统"四个子系统。同时，通过集成三省一市各区域平台资源，实现了科技资源的整合、共享、服务，加强了三省一市联动共通，共同推进区域科技创新一体化建设。

（三）强化四地平台管理，推动区域协作开放共享

加强对仪器资源单位的监督，完善基础管理。根据长三角科技资源共享服

务平台管理办法，仪器拥有单位及时更新本单位仪器信息，网站管理人员不定期进行监督检查；入网单位填写工作报表，包括服务本单位或对外提供测试服务的基本信息、承担或参与的重点科研项目、支持科研、经济建设和社会事业的具体服务事例等、接受相关单位检查。

二、大型科学仪器设备资源在长三角地区的组织管理情况

（1）联合设立长三角科技资源共享服务平台建设工作小组在"长三角区域创新体系建设联席会议"的框架下，由工作小组具体指导和推进三地各自的管理和服务机构开展平台建设的相关工作。

（2）实行"分布建设，系统整合"的模式。三省一市结合在仪器共享方面的现有基础、共享流程和管理方式，选择各自不同的建设方式。四地根据平台建设的总体要求，分别安排相关资金，通过增量资源激活存量资源，确保科技服务平台建设、运行、维护和管理经费得到有效落实，实现了"长三角大仪网"建设运行的顺利开展。

（3）三省一市依托各自的大型科学仪器协作共用管理部门，负责本区域内部的各类服务请求接受、服务调配、服务跟踪和服务监管，还负责对跨区域的服务请求进行受理，保证与"长三角大仪网"连接畅通、及时响应。同时，按照服务提供方所在地区的共享管理方法实施仪器设备的跨区域共享及运行服务补贴。另外，组建的长三角仪器共用网服务中心，依托长三角地区的仪器设备资源，规范服务标准，扩展服务渠道，不断提高仪器设施的共享率和使用率。这使各地的分工更加合理，信息发布更为畅通，为企业节约了时间与财力。

（4）在人才队伍建设方面采取区域培养、统筹服务的模式，根据各地区的特点，分别组建了一站式热线服务人才队伍、仪器维修人才队伍、分析测试人才队伍、科技管理人才队伍。在"长三角大仪网"对外服务后不久，开通的全国首个专门从事科技服务的呼叫电话，800－820－5114免费服务热线，接收处理用户的各种需求，打造"科技一站式服务"的工作理念，以热线服

务为窗口，结合各区域人才队伍优势，实现科技服务跨区域对接、技术难题跨区域解决，服务功能覆盖上海市、浙江省、江苏省和安徽省。

三、大型科学仪器设备资源在长三角地区的开放服务成效

长三角区域大型科学仪器设备共享服务成效，以上海为例，主要体现在下列四个方面：

（一）有效地推动了产业发展

"长三角大仪网"的顺利运行并结合上海产业发展的特色，对上海大型仪器网的建设、运行起到了很好的推动作用。作为"长三角大仪网"的重要组成部分，上海研发平台积极整合行业内的各类产学研资源优势单位，包括国家级的研发基地、转制院所、龙头企业等，从推动七大产业发展的角度进行布局，以支撑产业发展为目标，面向企业技术创新共性需求，为企业提供方案设计、分析测试、中试放大、技术转让、人员培训等服务，有效地促进了产业技术的进步升级，推动了产业发展，尤其是促进了战略性新兴产业的发展。

（二）提高了科技资源利用效率，增强了区域辐射能力

2007 年上海地区大型仪器的共享率仅为 38.4%，现在则一直维持在 54%以上，远高于全国 50 万以上大型仪器的平均共享率 18.45%。大型仪器的对外服务开机率也从 2007 年的 37.53%，提高到 2011 年的 96.94%。目前，上海研发平台大型仪器系统对上海以外地区的服务量占服务总量的 1/5。其中，服务于长三角地区的服务量就占到了一半，帮助企业创新的区域辐射效果显著。以上海材料研究所检测中心为例，借助于"长三角大仪网"的辐射能力，中心获得了越来越多的客户，尤其是长三角区域的客户，长三角地区的业务逐年增加。2016 年 8 月，上海市举办了 2016 年长江经济带科技资源共享论坛，科技部基础司、平台中心以及上海、江苏、浙江、安徽、江西、湖北、湖南、四川、重庆、贵州、云南九省两市的科技主管部门、科技服务机构及科技企业参

加。论坛以"大型仪器共享及科技资源跨区域合作"为主题，围绕科技资源共享跨区域合作机制等问题进行交流，为长江经济带科技资源开放共享的跨区域协作提供有力支撑。

（三）优化了财政投入产出率

随着长三角大型科学仪器共享平台建设的不断深入，上海的入网仪器数量也呈快速增长之势，使用率显著提高，充分盘活和调动了全社会创新资源，创新环境得到了进一步改善和优化，取得了良好的经济效益和社会效益。目前，上海研发平台汇集的大型科学仪器设施总量达到 9000 余台（套），其中 50 万以上大型科学仪器超过 5000 余台（套），近 1200 家加盟单位和 10 家专业服务中心，充分体现了长三角科技资源共享服务平台建成后，对促进社会资源共同参与共享工作的推动作用。2015 年，上海市正式推出科技创新券政策。全市的中小微企业以及相关创业团队均可申领科技创新券，其使用范围涵盖加盟上海研发公共服务平台的 5276 台大型科学仪器设施和 124 家上海市专业技术服务平台提供的 866 项研发服务。共对 602 家单位的 7083 台次大型科学仪器发放了 7463 万元的奖励资金，大型科学仪器实现对外服务收入 31.7 亿元。

（四）有效地降低了企业研发成本

通过广泛开展共享服务，为企业节约了大量仪器购买费、保养费用。此外上海研发平台通过大型仪器购置的联合评议，近年来，共对 16.77 亿元的申请资金进行了新购联合评议，累计节省了 4.93 亿元的市级财政仪器购置资金，核减比例达 29.4%，有效地降低了企业研发成本，受到很多中小民营企业的欢迎。在加强大型仪器共享服务中小企业用户补贴政策的扶持力度方面，上海各区县也纷纷制定和出台了配套政策措施，所属企业可获得市区两级补贴资金。

四、大型科学仪器设备资源在长三角地区共享存在的问题

长三角地区大型仪器的共享主要通过共享平台"长三角大仪网运行"来

实现，目前，长三角大仪网共享共用取得了一定的成效。与此同时，我们也看到在运行的过程中，还存在不少值得完善和提升的地方。

（一）仪器共享率和利用率还较低

目前，发达国家的设备利用率已经高达170%～200%，虽然长三角地区通过近几年设备共享措施的实施，仪器设备的利用率相对之前有了较大提高，但相对发达国家来说，仍有较大的发展空间，长三角地区很多高校和科研院所在购置设备前，缺乏对仪器使用率和重复购置率的深入调研，盲目追求设备性能的高指标，导致仪器设备重复购置，重购置轻管理和封闭使用现象。同时，区域隔离和部门条块分割明显，对大型科学仪器设备建设与管理的重要性认识也不够，导致相当多的一些大型科学仪器设备购置后只限在本单位使用，不利于仪器设备的充分利用和科技资源的广泛共享。

（二）共享机制需进一步完善

主要表现为资源整合的力度还不够，目前对于仪器资源共享，基本上都是大型科学仪器设备持有者自愿加入，没有做强制性要求。同时，科学仪器设备资源分别隶属于不同部门或者不同地方，同一领域的资源也分别被不同的部门所管理，各仪器拥有单位可以无偿地占有和使用，没有形成与开发共享共用的要求相适应的评价、考核与长效激励机制，管理人员、科研人员、实验技术人员对大型科学仪器设备的使用、开发和维护等工作缺乏主动性。此外，平台成员单位的积极性也没有得到充分的调动，对大型科学仪器设备持有者缺乏相关共享政策的有效宣传和信息沟通。长三角大型仪器共享机制在强制性、可操作性、权威性、广泛性和系统性上存在不足。

（三）跨区域协调模式还不成熟

长三角大仪网目前还没有形成一套相对成熟、固定的专人管理的模式。网站只是对三省一市共享服务平台网址的简单链接，没有将三省一市的仪器资源进行较为系统的归纳整合，还不便于用户的查找运用，从而限制了其跨区域服务能力，影响了大型仪器设施的实际共享效果。各地仪器共享环境和条件不一致，在对跨区域的服务请求进行受理时是按照服务提供方所在地区的共享管理方法实施仪器设备的跨区域共享及运行服务补贴。这导致跨区域服务难度明显加大，成员单位开展服务缺乏协调性，平台的协作共用缺乏刚性的跨区域服务政策措施。

（四）跨区域宣传力度薄弱

三省一市仪器共享目前采用的宣传模式，还处于各自为政，彼此间没有互通有无的状况。这使区域内对长三角大仪网的认知度较低，导致长三角大仪网影响力还没有充分发挥出来，影响了区域内大型仪器设施的共享效果，阻碍了长三角大仪网的发展。

（五）缺乏区域用户补贴激励机制

长三角三省一市现行的用户补贴机制内容中没有提及补贴用户可以涵盖到长三角区域，区域内用户补贴激励机制还没有形成统一标准，有些地方只针对大型仪器设备拥有方进行运行补贴，而对没有对用户进行补贴，用户的使用积极性没有得到很好的调动。

（六）缺乏有效的人才激励机制

长三角地区大型仪器共享的人才队伍建设方面主要采取区域培养、统筹服务的模式。虽然，根据各地区的特点，分别组建了一站式热线服务人才队伍、仪器维修人才队伍、分析测试人才队伍、科技管理人才队伍。但目前对他们还缺乏有效的人才激励机制和凝聚机制，如大型仪器资源管理人才在职称评定、福利待遇、管理培训等方面与科技开发人员差距还是比较明显的，严重影响了大型仪器共享的管理人才队伍建设和稳定。这在一定程度上制约了大型仪器资源共享管理水平的提高，有待于逐步完善。

第八章　推进长三角区域科技资源开放共享相关建议

科技资源共享能改善科技资源闲置、配置不合理的状况，能最大限度地提高科技资源的利用效率，这对于国家科技和社会经济的长远发展具有意义。对于长三角区域科技资源共享面临的问题，应当从制度建设和激励机制完善方面来予以解决。

一、重视以共享为核心的制度建设

长三角区域的科技资源共享建立以政府为主导，以"论坛"和"峰会"等形式为载体，通过制度建设保障实施，是由多方参与的资源共享协调管理工作体系。制度建设可以集中在三个方面：建立联席会议制度，建立联络员制度，建立专题工作小组制度。针对目前存在的各自为政、相互间关系松散、联系不够紧密等问题，建立科技资源共享的联席会议制度；确定联络员小组，负责联络、沟通和协调工作，对各项目实施跟踪、落实和反馈，确保工作具有成效；建立专题工作小组，制订并执行活动方案，落实合作事项，协调长三角区域科技资源共享活动。

二、通过市场力量建立区域协调机制

长三角区域应充分发挥市场优势，建立以利益共享为基础的科技资源开发与共享机制。通过各种联合活动，把跨学科、跨地域科技资源集聚起来，实现资源利用的互补，获取科技资源的"乘数效应"。同时，鼓励民间各类产业协会或商会以各类形式相互交流，促进区域内产业的合作与发展。通过市场力量形成资源共享具有创新的倍增效应，创新成果的经济效益将进一步促进科技资源的创新与整合，从而形成良性循环。

三、建立促进开放共享的有效激励机制

科技资源共享应建立以开放服务为主的运行模式，三地主要的科技资源以纯粹开放服务为主，采用内外有别的使用、计费和收费方式，来提高科技资源的使用效率，避免资源浪费与重复购置的弊端。同时，以开放基金作为保障，主要用于设备的运行维护和更新改造，提高设备的完好率和利用率。在人才激励方面，建设高、中、低的专业化梯形人才队伍，实施经济激励进行调节。举办培训班、技术讲座等形式。实施相应岗位的技能培训，同时从运行补贴中提取部分费用，资助优秀人才参与国际交流，提高专业技术人员的业务素质，来激励科技人才积极投身于技术平台和技术支撑工作中。

四、积极推进资源共享法制化建设

制定科技资源开放共享的法规制度，营造科技资源共享的法治环境。建立科技资源共享的法律、法规，做到有法可依，可以防止科技力量分散、低水平重复。长三角地区应尽快把有效的管理办法转化成为地方法规，从而切实保障科技资源共享的效率，为区域创新奠定良好基础。切实加强科技资源共享的服务宣传，通过报纸、电视电台、科技114电话专线等新闻媒体，广泛宣传"共享"理念。同时，建立畅通、高效化的信息平台，有效实现信息资源的集聚与扩散，发挥信息资源的"乘数效应"，更大范围和更深层次地实现资源共享。

科技园区篇

开发区是中国改革开放以来中国经济发展取得成功的密码，而其中科技园区作为中国经济活动重要的空间创新载体和对外开放的窗口，在提升区域自主创新能力、提升区域经济增长等方面发挥十分重要的作用。改革开放以来，长三角地区已成为中国科技园区分布最为密集、发展势头最为迅猛的区域。科技园区作为长三角城市群科技创新活动集聚的重要节点，如何推动科技园区之间的联动发展、构建区域创新网络，进一步推进长三角地区自主创新能力就成为重中之重。

第九章　长三角地区科技园区发展概述

一、科技园区的界定

我国开发区类型众多，不同类别开发区的功能定位存在一定程度上的差异，对科技园区开展研究首要的是明晰其定义、内涵。

科技园区的建设主要兴起于20世纪50年代的欧美国家，英文名一般称为Science Park、High‑Tech Park等，著名的科技园区有美国硅谷、英国的剑桥科技园区、日本的筑波科学城等，均成为世界级的卓越创新中心。科技园区最主要的特征是具有较强的科技创新能力，是R&D人才集聚和创新产出的高地。中国的科技园区实践主要来源于国外，但相较于国外，中国的科技园区的类型更加多样，低端、高端加工制造以及创新研发等多重功能相互重叠，开展长三角科技园区相关研究，需要在科技园区具体内涵的基础上厘清科技园区的类别。

1988年8月，中国科学技术部开始实施"火炬计划"，并于翌年10月成立火炬高技术产业开发中心，该计划明确把建立高新区作为"火炬计划"的重要内容。国家级高新技术产业开发区（国家级高新区）是中国高技术产业布局的重要区域空间载体和高新技术产业发展的关键平台[1]，因此国家级高新区是科技园区的典型代表。同时，国家级经济技术开发区也是中国吸引投资、

---

[1]　滕堂伟，曾刚. 集群创新与高新区转型［M］. 北京：科学出版社，2009.

增加就业、经济增长的重要载体①，随着中国产业不断实现转型升级，国家级经济技术开发区也成为中国实现区域自主研发创新的重镇。正因如此，一些国家级经济开发区既承担着经开区的职能，同时也行使高新区的职能，如苏州工业园区。各省级政府为了促进地方实现创新发展，也纷纷开展了省级科技园区的建设。因此为了便于分析，将国家级高新技术产业高发区、国家级经济技术开发区以及省级开发区②作为本章分析对象。

二、长三角地区科技园发展概况

长三角地区是科技园区分布最为密集的区域之一。截至 2015 年 12 月底的数据分析显示，长三角地区以 3.6% 的地域行政面积集中了全国 23.3% 的科技园区，其中国家级科技园区所占比例 25.6% ，超过 1/4。从不同类型科技园区视角分析，长三角地区国家级经济技术开发区、国家级高新技术产业开发区、省级开发区所占全国的数量比重分别为 29.68% 、19.44% 和 22.54% 。

表 9 - 1　长三角地区科技园区数量对比分析

地区	国家级经济技术开发区	国家级高新技术产业开发区	省级开发区	总数
上海市	6	2	22	30
浙江省	21	8	79	108
江苏省	26	14	79	119
安徽省	12	4	72	88
全国	219	144	1118	1481
所占比重/%	29.68	19.44	22.54	23.30

资料来源：根据中国开发区协会、中华人民共和国商务部网站公布的最新国家级开发区名单整理，数据截至 2015 年 12 月。

---

① 郑江淮，高彦彦，胡小文．企业"扎堆"，技术升级与经济绩效［J］．经济研究，2008（5）：33 - 46.
② 根据目前掌握的数据资料很难区分哪些省级开发区是真正意义上的科技园区，因此本章将全部省级开发区纳入分析框架。

从动态视角分析可知，长三角地区国家级科技园区数量波动上升，发展态势与全国整体发展历程大体相同。长三角地区国家级科技园区发展历程大致可以分为三个阶段，分别是探索阶段（1984～1990年）、稳步发展阶段（1991～2008年）和快速增长阶段（2009～2015年）。在科技园区探索阶段，科技园区数量仅从3个增加到6个，数量极少，且处于基本停滞发展阶段；在科技园区稳步发展阶段，科技园区数量从1990年的6个增加到25个，这主要得益于1988年8月中国科技部实施的"火炬计划"，这促使了在1991年、1992年两年期间，国务院共批准建立了10个国家级科技园区；在科技园区快速发展阶段，科技园区数量从26家快速增长到93家。

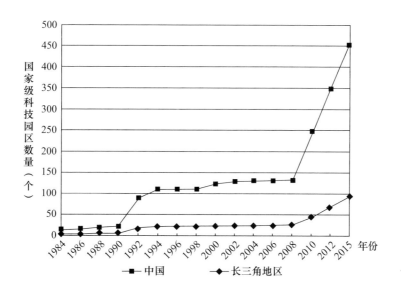

图9-1　长三角地区科技园区数量动态比较分析

资料来源：根据中国开发区协会、中华人民共和国商务部网站公布的最新国家级开发区名单整理，数据截至2015年12月。

第十章　国际上科技园区共建合作的基本经验

随着经济全球化所带来的信息、科技、人才等诸多要素往来的频繁，一个地区如果想要得到长远的发展，走国际化合作共赢的道路是区域发展的必然。以科技园区共建合作为例，总结出国际上的园区共建合作基本经验如下：

一、机制保障，建立定期的交流机制

可形成一个定期的会议和交流机制，这种机制的实现，可以通过年会、研讨会、论坛等途径来实现，并基于两国政府合作推动的园区开发建设模式，使共建园区在开发建设中能得到合作双方政府的高度关注，可享受合作方政府一系列优惠政策，有助于项目的持续跟进。例如，新加坡在东南亚国家和我国建设的海外工业园区都是在双方政府的支持下展开建设的，不仅有操作层面的政府机构和政联公司与东道国建立合资公司负责园区运营与管理，还有国家层面的协调委员会负责两国合作协议投资政策等体制框架的协商。其中，中新苏州工业园区建立了三个层面的政府领导与工作机构：中新两国政府联合协调理事会、中新双边工作委员会和园区联络机构。越南、印度尼西亚、印度的新加坡海外园区也是在两国总理签署合作协议后，由新加坡政联公司（如裕廊、胜科）主导的财团和东道国国有企业或大财团共同投资建设的。

表10-1　新加坡部分海外合作共建园区的政府促进情况

园区	政府促进机构	项目级别
中国—无锡新加坡工业园	中国无锡市人民政府与新加坡财团	中国省级重点项目
中国—中新苏州工业园	中新两国高层政府	中国国家级开发区
印度—班加罗尔国际科技园	新印两国高层政府	印度国家级项目
越南—新加坡工业园	新越两国高层政府	越新两国旗舰合作计划
印度尼西亚—峇淡工业园	新—印度尼西亚两国高层政府	新—印度尼西亚两国最大联营计划

资料来源：依据新加坡海外园区网站信息整理而得。

二、平台搭建，寻求合作的渠道空间

网络工作平台（走出去一站式服务平台）的搭建，对建设和拓展国际合作渠道，提高园区国际化水平，增强企业国际化竞争力等方面发挥了巨大的作用。例如海淀科技园区通 iBridge 网络工作平台，与 SPI（葡萄牙仕博创新管理咨询公司）、IEEE（美国电气及电子工程师学会）、Gartner（高德纳咨询公司）等国际性机构加强广泛合作，签订框架性合作协议。海淀科技园区在与美国纽约威郡州合作的过程中，通过视频电话会议等多种形式达成了 CIO（首席信息官）培训"一揽子"计划。通过搭建平台，实现工作方式的创新与合作共赢。

三、体系建设，打开多层次合作新局面

合作双方互相组织企业团队深入学习交流。同时，加强协会、产业联盟之间的相互合作，取长补短，谋求共进。另外，在人才往来上，可引进合作方的研发人才来园区工作，为知识溢出提供更多的便利。同时，凭借园区完善的基础设施与完整的生产生活配套设施、先进的园区管理模式、具有吸引力的特殊优惠政策，在全球范围内选择优质招商客户群。例如，新加坡海外园区建成后，有效利用新方在招商引资方面的先进理念和优质渠道，由新加坡经济发展局与园区投资方积极开展市场营销，借助经济发展局在世界各地设立的分支机构以及裕廊集团、胜科集团等新加坡投资方广泛的招商渠道，吸引各国跨国公司及东道国企业入驻园区。

四、打开"双向"绿色通道，利益共享是原则

为谋求合作双方共同发展，利益共享是合作的基础。需明确合作双方的利益共享机制，实现共建园区产生的主要经济指标和税收的重新分配，让园区的"财税"双方共享，环保责任等双方共担，才能有利于合作双方高效沟通，提升各方对于园区建设和发展的积极性。例如，上海张江波士顿企业园是中美间合作共建的高新技术园区，为实现国资的保值增值，利益共享是一个原则。上海张江波士顿企业园作为一家中美合资公司，美方持股51%，中方持股49%，以确保美方的积极性，从而推动中美双方创新企业开展更为深入的技术创新、市场拓展、资本运作合作，帮助中国企业顺利进入美国乃至国际市场，同时也能促进美国创新的制造企业和中国企业零距离合作，为其走向中国市场打开绿色通道。

第十一章　长三角园区合作的背景分析和运行机理

一、园区合作的背景分析

近年来，国务院和各部委陆续出台了指导意见，支持开发区加强互动合作，2008 年 9 月《国务院关于进一步推进长江三角洲地区改革开放和经济社会发展的指导意见》中提出要构建具有国际竞争力的区域创新体系，要求积极探索互利共盈的财政政策，有序推动异地联合新办开发区。2012 年 10 月，国务院发布《国家级经济技术开发区和边境经济合作区"十二五"发展规划（2011~2015 年)》，提出要依托国家级开发区，着力构建区域创新体系、实现区域联动、合作发展，创新同类开发区之间、不同类型开发区之间的协同发展模式。2014 年 11 月 21 日，国务院发布《国务院办公厅关于促进国家级经济技术开发区转型升级创新发展的若干意见》，指出鼓励国家级经开区按照国家区域和产业发展战略共建跨区域合作园区或合作联盟，以带动区域协调发展。2016 年 6 月，《长江三角洲城市群发展规划》文件正式出台，提出要打造具有全球影响力的世界级城市群的目标；实施创新驱动经济转型升级，打造内聚外合的开放型创新网络和推进创新链、产业链深度融合，规划文件的出台为长三角地区园区合作提供前所未有的机遇。园区已成为中国长三角地区产业、科技创新活动集聚的重要空间节点，园区协同发展对于促进区域内产业有序转移、产业分工合作、增强区域科技创新能力等方面均具有重大意义。为了进一步增强长三角地区创新能力，推动园区的联动发展，构建区域创新系统、营造区域创新环境具备了重要的现实意义。同时，对于位于经济发达的城市来说，面临着产业转型升级压力，园区急需扩展发展空间；而对于经济发展相对落后的城市来说，急需引进项目、资金和管理经验等，这为长三角地区园区合作的开展提供了基础。

二、园区合作驱动因子

区域差异与区域协调一直是我国经济发展要解决的难题，开发区合作作为一种有效的次区域合作方式正在兴起，为缩小区域差异、促进区域协调发展提供了良好的实践平台，意义重大。开发区合作对于促进产业转移、区域（城市）协作和实现长江经济带内的一体化发展至关重要。由于合作驱动因子的差异，不同开发区的合作模式又有所不同。

园区合作的原因机制十分复杂，是自然、政治、经济因素三者相互综合作用的结果。胡俊峰探究了长三角地区跨区域联合开发区的驱动机制，他将合作共建园区的驱动机制分为内在因素和外在因素，认为经济发达地区急需产业转移的内在驱动力，经济欠发达地区拥有土地、劳动力资源优势和交通基础设施改善等外部作用力，由此构成了长三角地区跨区域合作共建园区的现实基础；内外驱动力的共同作用，使合作两地的利益趋同性增强，客观要求双方友好协商，彼此让渡部分权益，在合作中谋求双方利益的最大化。因此，在借鉴其研究的基础上，本书将开发区合作的驱动因子归纳如下：

（一）政府行政指令

我国的园区建设过程中，政府行政指令在园区合作过程中具有决定性的作用，中央和地方政府往往从全局出发，形成以政府协调小组为领导的开发区合作形式。如江苏省"南北合作挂钩"共建园区、安徽省"皖江皖北结对合作"、浙江"山海工程"合作园区等，在合作的进程中，政府行政力量都占据着主导地位。

（二）交通基础设施的可达性

交通基础设施是开发区合作的前提，区域重大交通项目的建设不仅会降低区域间的联系成本，促进商品、要素和投资的区际流动，同时也会使产业间前后向联系得到加强，带动相关产业的转移和整合，带来巨大的区域互动发展效应[①]。长三角地区交通基础设施可达性不断加强，综合交通运输体系已基本完善，为开发区的合作提供了现实可能。

（三）经济发展梯度差异、区域要素资源互补

区域合作是指不同区域间形成相互依存、相互促进、取长补短、优势互补的社会经济发展合作关系，促使区域经济结构得以合理调整，各区域的比较优势得到最大限度发挥，促进各区域经济的共同繁荣。因此，经济发展存在梯度差异，为园区合作提供了合作机遇。

（四）临近性优势、联系紧密

长三角地区社会文化较为相似，区域认同感较强，为长三角地区开发区合作扫清了障碍。长三角各城市都位于吴越文化区，并受海派文化的深刻印象，形成了颇具区域特色、经济发展的区域商业文化氛围，对内合作与对外交流胸襟开阔[②]，且江苏、浙江对区域核心的认同度较高，纷纷提出对接上海的口号。同时，长三角地区与中部各省尤其是安徽省一直保持着密切的联系，2010 年 1 月，国务院正式批复皖江城市带成为承接产业转移示范区，两地合作进入了新的高度，"泛长三角"区域正式形成。

（五）产业转型升级要求

2008 年全球金融危机爆发以后，使得以发展外向型经济为主的长三角地区开发区遭受严重的打击。受金融危机的影响，发达国家和世界主要经济体增长开始放缓或陷入衰退，国家需求大幅下降，新增投资减少，进而影响到我国

---

① Feldman M P. The new economic of innovation, spillovers and agglomeration: a review of empirical studies, 1999（8）: 5 - 25.

② 曾刚，林兰. 长江三角洲区域产业联动的理论与实践 ［J］. 中国发展，2009，9（1）: 69 - 75.

开发区吸引外资和出口。同时，长三角地区开发区面临着区域优惠政策终结、劳动力成本上升、环境保护压力增大、产业集群培育不足、产业同构趋势明显等核心难题[1][2]。长三角地区作为我国参与全球产业分工竞争的前沿阵地，要实现世界级产业集群的目标，不断提高开发区产业层次、转移竞争优势丧失产业是必经之路。

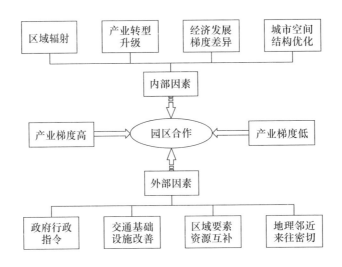

图 11-1　长三角地区共建园区驱动机制示意

资料来源：胡俊峰．长三角地区跨区域联合开发区管理机制研究［J］．南通大学学报（社会科学版），2014（5）：14-22.

三、园区合作的运行机理

自"十一五"规划以来，随着开发区"二次创业"战略的深入实施，异地合作开发共建园区的实践在长江经济带内兴起。这种合作既有同一省市内不同园区之间、园区与城市之间的合作开发，也有跨省域的合作开发，异地合作共建的商业模式灵活多样。

开发区异地合作共建运行机理的关键是政府的区域开发诉求与两地之间要

① 沈宏婷、陆玉麒．开发区转型的演变过程及发展方向研究［J］．城市发展研究，2011，12：69-73.
② 王兴平等．开发区与城市的互动整合——基于长三角的实证分析［M］．南京：东南大学出版社，2013.

素禀赋的有机衔接，在于政府的政策意愿与市场供求关系的战略耦合。有些合作共建是由相关政府部门主导发起的，有些合作共建则是由园区、园区开发商基于市场规律自发发起的，有些合作共建则是由政府和园区联合发起的。

开发区合作共建成功的关键在于通过双方合作，实现产业发展要素在特定新空间上的重新组合和优化配置，实现了产业运行由固定的永久性空间向流动性空间的转化，在更大的空间和尺度上对原有的生产网络进行了重构，实现了由地方性生产网络向区域性生产网络的升级。两者耦合的产物便利于熊彼特式的创新，包括开拓了新的市场或扩大了市场规模。根据斯密假说，市场规模扩大则进一步有利于劳动分工，而分工和专业化加强则会进一步提高劳动生产率，包括实现了原料和劳动力供应的变化，生产工艺乃至生产技术和产品的创新等，最终促进两地的区域协同发展（见图 11 - 2）。

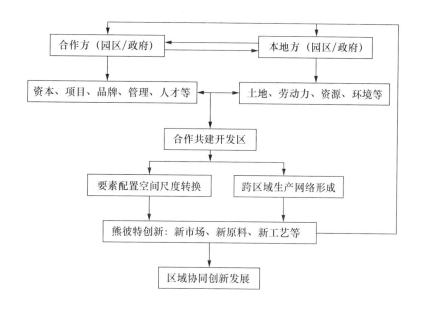

图 11 - 2 园区合作的运行机理

第十二章 长三角园区合作的现状与模式

一、园区合作的基本概况

狭义的共建多指跨省合作，而省域内的跨市合作、园区与园区合作、园区与企业合作等多种合作共建模式都是从广义上来讲的。从园区合作涉及的主体来看，主要包括五种：园区与企业、园区与政府、园区之间、政府与企业、政府与政府合作。

截至目前，长三角地区上海、江苏、浙江、安徽四省市参与合作共建园区已逾200个，涉及政府部门、各类园区、企业、机构等约500家，其中江苏、安徽数量最多。从产业结构看，江浙皖三省合作共建园区多数以纺织服装、机械制造、电子器械、化工医药、食品等产业为主，而上海多依托自身产业和园区优势，开发新能源、电子信息等高新技术产业。

跨省域共建中，江苏、浙江多与上海合作，安徽在皖江城市带承接产业转移示范区获批后，与江浙沪三地共建园区较多。其中，江苏与上海合作共建取得显著成效，建成了包括上海外高桥江苏启动产业园、上海嘉定工业区江苏建湖科技工业园、江苏大丰和海安的上海杨浦工业园、上海长宁区临空经济园江苏盐城工业园等。而浙江海宁与上海漕河泾开发区开展了园区共建合作，平湖园与上海张江国家自主创新示范区金山园共建中国首个跨省（市）合作的科技园区——张江杭州湾科技园。就安徽而言，滁州经济技术开发区已与上海漕河泾新兴技术开发区、莘庄工业区、南京高新技术产业开发区先后签订了合作协议；芜湖机械工业园设有"浙萧工业园"与"宁波工业园"等园中园。

表 12 - 1 不同园区合作主体案例分析

合作园区名称	合作主体类型	合作主体	合作定位
漕河泾开发区盐城园区	园区—园区	漕河泾开发区—盐城经开区	主动接受上海作为长三角一体化龙头地位辐射，承接上海产业转移
中国服装（铜陵）产业园	园区—企业	铜陵经开区—中国恒天集团	打造成最具国际竞争力的服装产业基地
柏堰科技园	园区—政府	合肥高新区—肥西县政府	以电器产业为支柱，产业特色显著的工业园区
苏州宿迁工业园区	政府—政府	苏州市政府—宿迁市政府	苏州宿迁两市紧密合作共建的新型工业园区
苏滁现代产业园	企业—政府	中新产业集团—滁州市政府	国际产业转移承接区、安徽产业升级示范区、东部田园都市样板区

从省域内的共建来看，江苏省为了振兴苏北，在 2006 年就提出"南北合作挂钩"，行政指令苏南 10 个县（市、区）与苏北地区开展对口交流合作，在苏北 10 个省级开发区内跨区域挂钩建设开发区，被称为"南北共建园区"。在政府政策的支持下，"南北共建园区"发展迅速、成效显著。截至 2014 年 3 月，江苏已设立南北共建园区 39 个，建成以苏宿产业园区为代表的一批绩效优异的园区，每年带动 500 亿元的产业转移，推动了苏北地区的经济发展，并在长三角园区合作共建中具有示范意义。安徽自 2011 年起学习江苏经验，也开始了皖南皖北合作共建的探索，目前共有三个南北共建园区，以推动皖江三城市与皖北三城市"结队合作"。最新数据显示，广义上的共建园区安徽共有 111 家，其中已建成 67 家，签约 44 家。2012 年，浙江省深化"山海协作"工程，积极推进"山海协作"共建产业园区，松阳—余姚山海协作产业园等首批共 9 家共建园区开始建设。

合作共建产业园区是长三角城市产业合作的主要方式，为长三角要素资源优化配置和空间整合创造了条件，使不同地域（城市）间耦合度和利益趋同性增强，促进了市场一体化和要素资源自由流动，并使规模经济、外部经济、溢出效应等更趋显著。共建园区还促进了长三角发达地区"腾笼换鸟"与转型升级，推动了欠发达地区工业化进程。

从园区合作的现状来看，长三角地区园区合作主要发生在经济相对发达城市与相对落后的城市之间。共建园区作为社会经济领域的创新形态，目前还存在诸如长三角各地园区发展水平参差不齐，有的园区选址、规划不合理，基础设施和产业链配套不完善，合作中的"机会主义"、"拉郎配"现象较突出等问题。但总的来说，长三角地区是中国园区合作最为频繁、取得成效最为显著的区域，其园区合作的实践对其他区域的园区合作起到良好的示范效用。

二、 目前园区合作的几种常见模式

（一）开发区间缔结友好园区模式

上海漕河泾开发区先后与武汉经济技术开发区、合肥经济技术开发区、上饶经济开发区、盐城经济开发区、通州经济开发区等多家开发区缔结了友好开发区。其主要合作形式又可以分为以下三种：第一种是行政性的交流参观，国内的其他园区以访问参观考察的方式来学习像漕河泾这样的先进园区建设经验，进行理念的互动。第二种是项目合作型友好园区、通过推荐项目、转移项目或者项目对接的方式建立联系。第三种是以资产为纽带共建友好园区，如漕河泾海宁分区与漕河泾盐城分区，漕河泾总公司和各分区共同出资，以控股的形式共建园区，这种形式的联系是最为紧密的。此模式的特点容易实现、成本低，成为多数园区之间建立合作互动的方式之一。

（二）"飞地"自建模式

"飞地"自建模式即委托方在开发区内划出一块园区，托管给具有管理、资金和产业基础等优势的受托方，全权委托其操作，包括园区发展定位、产业选择、招商引资、基础和公共设施建设等。这种模式主要是通过托管协议，要求受托方编制共建园的总体规划，进行基础设施投资和建设，负责产业招商，甚至承担一定的社会管理责任，并同意受托方获得园区前期开发所有收益，后期收益由合作双方按比例分享。这一模式适合欠发达地区与资金实力雄厚、园区开发经验丰富、急需拓展发展新空间的发达地区政府或园区、大企业之间的合作，带有较强的援建性质。例如铜陵经开区与中国恒天集团合作共建园区即属于该模式。

（三）股份合作模式

股份合作模式即在合作双方共同出资，并交由合作双方成立的合资股份公司进行管理，公司负责园区总体规划、招商引资和日常经营管理等工作，收益按照双方股本比例分成。外高桥—启东的合作就是采用这一模式。上海、启东共同出资3.2亿元成立合资公司，各占股本的60%和40%，税收等园区收益按照6:4分成。这一模式由于引入了股份合作制，运作规范，双方积极性都很高，适合资金实力较强、园区开发经验丰富的发达地区政府、园区或大企业与具有较强园区开发经验的一方开展合作。目前，江苏与上海主要采用这一模式进行园区合作共建。

（四）产业招商模式

产业招商模式即在现有开发区内划出一块区内园，全权委托给第三方，对特定区域或特定产业开展招商。根据协议，委托方提供相当于到位投资的5‰~8‰的奖金给予受托方，或将招商项目产生的地方税收的一定比例给予受托方；受托方则按照合作园的总体规划及产业规划要求，负责招商引资工作。芜湖机械工业园与浙江玉环、乐清的合作即属于产业招商模式。这种模式适合欠发达地区与产业集群成熟的特定地区开展合作，委托方在承接相关产业转移方面能够收到事半功倍之效。

（五）"总部+生产"模式

先进地区的园区在产业转移过程中，引导企业在转入地建立生产基地和科研成果转化基地，而入驻企业的总部、研发、营销等环节仍保留在当地。这种模式在一定程度上避免了产业迁出园区的利益流失（如税收减少等），也有利于两地园区形成合理的地域分工体系。例如，上海杨浦工业园大丰和海安工业园，即入驻杨浦异地工业园的企业，总部不迁移，其研发和经营职能仍留在上海杨浦工业园。

（六）大学科学园异地建设创业中心模式

大学科学园既是发达国家一流科学园的主要形式，也是中国大力发展的科技园区类型。上海交通大学国家大学科技园（以下简称上海交大科技园）是2001年5月由科技部、教育部联合命名的首批国家大学科技园，2012年被科技部、教育部认定为A类国家大学科技园，拥有两个国家级科技企业孵化器和两个上海市科技企业孵化器。上海交大科技园开发运营实体是成立于2001年1月的上海交大科技园有限公司，从事科技园区开发运营、科技成果转化与科技企业培育、科技产业投资三大主要业务，是上海市高新技术企业，拥有上海市著名商标。

上海交大科技园在上海8个科技园区成功运营的基础上，通过园区开发、品牌输出、委托管理等模式先后在江苏、浙江建设开发运营了5个分园，规划建筑面积近50万平方米，主要聚焦于电子信息和生物医药、新材料、智能装备、健康与环保等产业的发展。其中，上海交大嘉兴科技园、上海慧山科技园于2008年成立。上海交大常熟慧谷科技园、上海交大长兴慧谷科技园、上海交大（常州）科技园于2013年成立；上海交大泰兴慧谷科技园于2015年8月成立，由上海交大科技园与泰兴环保科技产业园合作建设。

上海交大科技园在长三角各地的分园，依托上海交大雄厚的科研实力、成熟的科技企业孵化体系和校友会资源，在高科技孵化基地与众创空间建设方面成效显著，已建成多个国家级科技孵化器和国家级众创空间。

第十三章　园区合作的典型案例剖析

一、园区与园区合作共建：上海漕河泾开发区

上海漕河泾新兴技术开发区是国务院批准设立的经济技术开发区、高新技术产业开发区和出口加工区，总面积 14.28 平方公里。开发区汇聚中外高科技企业 2500 多家，其中外商投资企业 500 多家。81 家世界 500 强跨国公司在区内设立 131 家高科技企业。2015 年，开发区年销售收入 2588 亿元，其中第三产业收入 1798 亿元，地区生产总值（GDP）883 亿元，工业总产值 632 亿元，进出口总额 82 亿美元，单位面积经济效益在全国开发区中名列前茅[①]，形成以电子信息为支柱产业，新材料、航天航空、生物医药、环保新能源、汽车研发配套为五大重点产业和现代服务业为支撑产业的"一五一"产业格局。

综观漕河泾开发区"走出去"的发展历程，总结发现主要存在四种合作模式可供借鉴：

（一）缔结友好园区，实现理念互动

通过共建友好园区的形式，重点进行理念互动，建立互访制度，以交流互访、干部挂职、信息共享等作为主要形式，强化合作双方在规划设计理念、管理经验、创新发展、员工培训等方面的交流互动，促进合作园区全方位、多领域、深层次地学习借鉴上海漕河泾开发区先进经验，从而保证了合作园区发展

[①]　漕河泾新兴技术开发区官网（http：//www. caohejing. com/item/default. aspx？ f＝2&s＝7&t＝10）。

理念具备国际化视野，增添发展后劲。截至 2013 年 1 月 27 日，漕河泾开发区已经与国内外 51 个科技园区和组织机构建立了友好合作关系，其中国内 34 个遍及 18 个省及直辖市，1/3 分布在东部地区，2/3 分布在中西部地区，国外 17 个遍及五大洲[①]。

（二）施行统一品牌主导战略

合作双方认可漕河泾开发区管理理念和品牌内涵的基础上，开发区通过授予合作园区使用漕河泾开发区的品牌，以提供咨询顾问服务、管理团队输出、功能服务输出为主要方式，与合作园区形成一种较为密切、点对点的品牌输出合作模式，促成合作园区引入丰富的招商资源，形成集研发、营运、管理、生产、制造合理布局的完整产业链。充分发挥漕河泾开发区品牌溢出效应，加快了园区外部空间拓展的步伐，破解了由行政分割引起的要素流动阻滞，这样也提升了合作园区专业化服务水平，并推进其科技创新、企业孵化和成果转化。漕河泾的盐城分园区、遵义分园区、松江高科技园区、临港产业园区、康桥科技绿洲、南桥科技绿洲主要是采用了品牌输出模式。

（三）合作模式以项目对接为纽带

开发区是以招商项目推荐、产业转移对接、技术项目推荐等方式，与合作园区建立一种以项目对接为纽带的合作模式，促进东西部产业转移，重点加强汽车研发与配套、节能环保、新材料、电子信息、高端装备制造、生物医药等战略性新兴产业的合作。漕河泾开发区产业转移中心基地，目前累计促成产业转移落地项目 111 个，总金额高达 960 亿元。园区建立了覆盖全国 200 余家开发区的数据共享云平台，成为助推东西部地区社会经济合作互动的强有力纽带。

（四）构建全方位紧密型的园区资本合作开发模式

开发区独立出资，或者与合作园区共同投资，以资本为纽带，建立天使投

---

① 邵家营. 开发区的空间扩展与治理研究——以上海漕河泾新兴技术开发区为例 [D]. 上海：华东师范大学，2013.

资、产业基金、风险投资、科技融资等形式各异的融资平台，成立项目园区，对新的园区或地块进行开发、建设、招商运营，实现全方位紧密型的园区资本合作开发。除了浦江、外高桥园区和漕河泾海宁分园区，主要就是采用资本合作的开发模式①。

二、政府与政府合作共建：苏州宿迁工业园

苏州宿迁工业园则是江苏省开发区南北联动对口合作开发的典型案例。十年来，园区工业投资年均增幅超过50%，业务总收入、工业销售收入、公共财政预算收入、工业企业纳税等指标年均增幅超过100%，规模以上工业增加值年均增幅超过200%；累计完成到账外资近7亿美元，进出口总额近10亿美元。以占宿迁市0.16%的土地创造了全市近4%的GDP和财政收入、7%的工业增加值和19%的企业所得税。在全省南北共建园区考核中始终保持第一，实现"七连冠"②。

2006年6月，苏州与宿迁两市明确合作建立工业园区，该园区位于宿迁城西，规划面积为10.92平方公里。园区开发主体为江苏省苏宿工业园区开发有限公司，注册资本3亿元人民币，由江苏省国信资产管理集团有限公司、苏州市（苏州工业园区）、宿迁市按照1∶1.5∶0.5的比例出资。苏州宿迁工业园区的建设目的就在于：充分发挥苏州、宿迁两地优势，推进苏州工业园区的产业转移，通过实施先进制造业、服务业等城市功能的综合开发，把苏州宿迁工业园区建设成为接受产业转移的集聚区，为南北合作、实现区域共同发展探索经验、做出示范。其合作建设的机制包括：

（一）运作方式以苏州为主，便于对先进经验的学习和吸收

根据苏州和宿迁两市的协议，苏州宿迁工业园区的运作以苏州方为主，主要依托苏州工业园组织实施开发、建设、管理。并以苏州工业园区为主体，组

---

① 上海漕河泾开发区走出去的四种主要合作模式（http：//cyzy. miit. gov. cn/node/7326）。
② 苏州宿迁工业园官网（http：//www. ssipac. gov. cn/News/7628 Detail. shtml）。

建相对独立、具有市场运作主体功能、能进行独立投融资的开发主体，实施滚动开发。这种模式提高了苏州工业园区在苏宿工业园区建设过程中的地位和作用，便于苏州工业园区更好地将经验和资源带到苏宿工业园来，加快了苏宿工业园区的发展进程。

（二）借用苏州工业园的品牌效应，确保苏州宿迁工业园区各项工作的顺利开展

在宿迁众多的经济开发区中，苏州宿迁工业园的优势在于有苏州工业园区的背景支持。正是因为有苏州工业园的背景支持，苏州宿迁工业园才获得了6亿元的国家开发银行贷款。在苏州宿迁工业园建设过程中，苏州工业园区派出的管理团队，复制管理理念，使园区经验不断向宿迁溢出，试图将苏宿工业园变为"小苏州工业园"。利用苏州工业园的品牌效应极大地提高了苏宿工业园区的招商吸引力。众多企业进驻苏宿工业园，更是指名要在签约方加上苏州工业园区的牌子。由此可见，苏州工业园品牌效应的重要意义。

（三）利用苏州工业园的企业网络，加快招商步伐

苏宿工业园区的首要使命是推进南北产业转移，承接苏州工业园区转移出来的企业。由于苏州工业园区在苏宿工业园区建设过程中的极大参与，为企业从苏州工业园迁往苏宿工业园提供了信心和保障。这既有助于将苏州工业园区打造成"国际新兴科技产业城市"，也可以为宿迁引入企业。正是基于此，在苏宿工业园开发建设过程中，由苏州主导的开发公司延续了苏州工业园的建设和管理经验，力图使其变为"小苏州工业园"，保障了苏宿园区吸引企业的能力。

（四）政府有序协调，提高园区开发的效率

在苏宿工业园建设的过程中，江苏省政府、苏州和宿迁两市的政府，成立了协调理事会和双边工作委员会。其中，联合协调理事会由苏州和宿迁两市主要领导共同主持，相关领导组成，邀请省相关领导参加。它是苏州宿迁工业园区的最高决策协调机构，负责协调解决开发建设有关方向、目标和政策等方面的重大问题；双边工作委员会由苏州、宿迁市政府分管领导和苏州工业园区管

委会主要领导牵头，两市与开发建设有关的部门作为成员单位，负责协调处理开发建设中的重要问题。两级协调机构的存在，加快了园区建设中问题的解决，提高了园区的开发效率。

三、企业与政府合作共建：苏滁现代产业园

苏滁现代产业园是一个由苏州工业园区中新集团和安徽滁州市政府合力打造的"产城一体"的现代化新城，是长江经济带省际合作的重大项目，重点建设"五个园"，包括现代工业园、现代商贸物流园、商务园、高科技工业园以及文化创意园。2015年上半年，园区完成固定资产投资11.05亿元，同比增长37.2%；申报完成招商引资到位资金15.1亿元，同比增长39.8%；完成财政收入6326万元，同比增长251.8%，三年累计完成固定资产投资85亿元，协议引进资金超200亿元，实际利用省外境内资金72.9亿元，利用外商直接投资3.85亿美元[①]。

苏滁现代产业园取得一定的成就，依托于以下几方面的经验：

（一）打造"政府推动、企业主体、市场运作"相结合的发展模式

致力于推进跨省合作共建园区，离不开政府的鼎力支持，同时需强调企业的主体地位，以及有效结合市场化运作方式。为营造一流政务服务环境，滁州市创建高位调度机制与全程帮办机制，设立市委书记、市长挂帅的建设指挥部，并在市政府服务中心建立专项绿色通道，提高一站式服务的便捷度；为形成"政府支持，市场主导"的合作机制，滁州市政府和中新集团签订商务总协议，始终凸显中新苏滁（滁州）开发有限公司是园区建设与运营的实施主体，放手让企业自主决策、自主合作，在合作中形成利益共同体，实现了由"行政主导"的园区运营模式向"公司化"运营模式的转变，夯实了园区建设的体制与机制优势。

---

① http://epaper.anhuinews.com/html/ahrb/20150810/article_3344450.shtml.

（二）重视高水平规划的战略引领

高水平规划、高精准定位，是有效推动长三角跨省合作共建一流园区的首要前提。苏滁现代产业园获批后5个月没有开工，重点在抓规划。依据新加坡苏州工业园升级版的目标定位，充分利用国际先进城市的规划思想与苏州工业园区的成功案例，委托世界一流的新加坡邦城规划设计院编制概念性规划和控制性规划，澳大利亚Tract公司编制清流河滨河景观带规划，然而规划编制、实施皆由中新苏滁（滁州）开发有限公司主导，且不急于追求眼前的政绩，而是立足当下、着眼未来、谋求经济、社会、生态效益最大化。苏滁现代产业园规划具备系统性、可操作性、可持续性的特点，凸显了"高端、品牌、外资、低碳"的理念，真正实现一次性规划、分期建设、滚动开发，并为打造一座集产业、商贸、金融、居住于一体的现代化新城区绘制了蓝图，使之成为国际产业转移承接区、安徽产业升级示范区和滁州市新兴的经济文化中心。

（三）突出高点产业定位

在依托滁州产业的基础上，充分借助中新集团全球化的招商网络，确立了"高端装备制造、营养健康、电子信息"三大主导产业与现代服务业的"3＋1"产业发展方向，紧扣"高端、品牌、外资"要求，开展全方位、全球化招商，高起点打造产业高地，推动区域产业转型升级。

苏滁现代化产业园在产业承接模式上，由过去单个企业的引进转向组团式和产业链的引进；在招商引资方式上，由"点对点"的洽谈式招商转向"点对面"与整体推进，有力地提高了招商引资效率，丰富了招商引资的成果。其中，成功引进安徽省首家新加坡投资企业——道益精密科技、首个欧洲项目——德资欧适家纺、滁州市首家新能源汽车企业——南京嘉远电动汽车以及黑芝麻保健食品、拉芳家化等一批行业领军企业，长久集团"轿运车、专用车生产及物流项目"也于2016年5月正式落户苏滁现代产业园。

（四）注重利益的合理分割，实现各方联动的新格局

只有做到"双赢"，合作才能有生命力。滁州市善于利用利益调节机制，将苏滁现代产业园土地收益与税收留成等方面利益的55％以上让利于中新集

团，让外来投资建设方有利可图，以此换取园区建设经验、招商能力以及大量的基础设施投资等，构建了"你发财，我发展"互惠互利的利益分享格局，充分调动各方参与园区建设与发展的积极性，打造了各方联动的生动格局。

四、园区与园区合作共建：张江长三角科技城

张江长三角科技城，由张江国家自主创新示范区管理委员会授权的张江枫泾科技园、张江平湖科技园共建而成，位于上海西南部枫泾镇与浙江东北部平湖市的交界处，地跨上海与浙江两地。总规划面积87万平方公里，其中浙江平湖市境内45平方公里，上海枫泾镇境内42平方公里[①]。科技城是上海与浙江两地政府利用各自优势，打破传统地方行政区划格局，在统一品牌、统一规划、统筹协调的前提下，通过资源共享、优势互补、协同发展等措施创建的中国第一个跨省市、一体化发展的实践区。

张江长三角科技城的建设有条不紊，总结其经验如下：

（一）建设理念以融合、创新、智慧为基础

科技城借助浙江与上海接壤的特殊地理位置，顺应国家长三角一体化发展战略，实施沪浙融合、一体化发展战略，实现沪浙两地"1+1>2"的成果。在产业上布局高新、战略性新兴产业，通过培育优势产业集聚区、科创加速区以及众创空间等形式，成为创新产业的高地，打造国家自主创新示范区。同时，通过建设覆盖园区的智慧网络、智慧平台、云平台、企业协同平台等智能化、信息化平台，为园内企业和居民带来全方位的科技互联体验，打造国家智慧城市示范区。

（二）产学研结合，营造优质的创新创业环境

科技城将校区、社区、园区进行有机结合。充分发挥政府、企业、学校、科研机构的各自优势，将创新产业的上、中、下游进行完美对接，形成研发、

---

① http：//www. csjkjc. com/？action－channel－name－csjabout.

生产、销售一条龙体系。同时，依托国家科技部、上海市及浙江省上百家科技企业孵化器、创业中心、企业加速器等创新创业资源，营造长三角创新创业氛围，打造长三角超级企业孵化、加速集群基地。积极引进上海中心城区、张江高新区以及长三角区域的创新创业者和优质加速企业。

（三）借助品牌优势

张江长三角科技城是上海自贸区优势资源对接的"桥头堡"，其"上海品牌"是吸引国际资本和技术的强大磁场，又借助"张江品牌"承接现有张江企业和产业的外溢。同时，依托长三角城市群中心的有利区位，在浙沪两地协同发展的基础上，通过"长三角中心品牌"来提升园区的影响力和吸引力，实现区域价值的最大化。由于项目的规模体量巨大，土地资源优势明显，易提升其品牌的社会影响力，形成规模效应。

五、园区与地方政府合建科技城：南通科技城

上海市北高新（南通）科技城坐落于南通市港闸区，规划总面积5.24平方公里，是南通市委、市政府"跨江合作、接轨上海"战略实施的一大成果，与上海市闸北区政府下属的上海市北高新集团共同合作打造的成片开发、产城融合的科技新城，先后被授予"江苏省级高新技术产业开发区、南通市现代化服务业集聚示范区"。

（一）合资筹建新型开发建设主体

上海市市北高新技术服务业园区成立于1992年8月，总规划面积3.13平方公里，是张江国家自主创新示范区的重要组成部分，也是上海中心城区距离人民广场直线距离最近的国家级高新技术产业开发区。上海市北高新（集团）有限公司（以下简称"市北高新集团"）是上海市闸北区国资委履行出资责任的国有独资企业，主要围绕市北高新技术服务业园区的发展，行使土地储备、园区综合管理等职能。由上海市北高新（集团）有限公司和南通国有资产投资控股有限公司共同出资成立了上海市北高新集团（南通）有限公司，具体

负责开发运营。公司注册资本 5 亿元，市北高新集团占 90%。2010 年 10 月，科技城开发团队入驻，市北高新集团直接投资 35 亿元进行园区开发的同时，引入万科、北极绒等 5 家房地产企业进行开发建设。

（二）建设产城融合的新型科技园区

科技城可出让面积约 4200 亩，分产业、住宅、商业三大板块，面积配比为 50%、35%、15%。产业板块打造成承载上海地区先进产业向南通地区的延伸，集聚高品质、高税收、高产出的企业，形成集聚现代服务业的高科技产业园、总部园；商业板块正打造南通北部的商业中心；居住板块正逐步形成环境优美、配套完善的生态宜居社区，着力打造体现国际性、知识性、创新性、融合性的"长江北岸现代服务业第一园区"。

科技城总投资规模约 400 亿元，其中市北高新集团投资 40 亿元，用于动拆迁、市政基础设施建设及园区服务与管理。科技城于 2010 年 9 月正式启动，已于 2015 年完成科技城内全部基础设施、环境和公用设施建设，计划于 2018 年全面建成。2015 年上海市北高新（南通）科技城正式获批筹建省级高新区——江苏省南通市北高新技术产业开发区，成为沪苏两地跨江经济合作、园区共建的示范。截至 2016 年底，科技城 17 个代表性入驻企业中，有 8 个来自上海企业的投资。

第十四章 长三角地区园区合作存在的问题与原因分析

长三角地区是我国园区合作最为密集，取得成效最为明显的区域，但园区合作仍存在着诸多瓶颈。

一、园区合作程度有待深化，合作效果良莠不齐

长三角地区园区合作程度有待深化，主要体现在：园区合作层次较低，目前仍然以合作开发（基础设施）、联合招商为主，以基于发展空间拓展、低成本诉求的经济性合作为主，而以提高创新效率的科技合作较少，园区高端领域合作相对不足。此外长三角地区合作效果差异显著，具体而言，起步较早的苏南苏北合作共建效果较好，这一模式直接带动了苏北盐城、宿迁等地在过去数年间的发展。安徽省发改委信息中心 2014 年的一次调研中指出，安徽全部各类共建园区中近 50% 的园区还没有形成明显的经济产出，有 35% 左右的园区规划面积在 1 平方公里以下，仅省会合肥的 4 家共建园区工业总产值占到全省共建园区的 67.2%，而皖东的滁州有 27 家共建园区，工业产值才占全省的 6.0%[①]。

[①] http://chanye.focus.cn/news/2014 - 09 - 03/5480895.html.

二、以"南北合作"模式居多，"强强联合"合作不够

从合作总体成效来看，先进地区和落后地区的园区合作最为容易实现，也取得了较好的合作效果。如"南北共建园区"是江苏，涌现出了一些值得借鉴的成功案例，这些合作取得了较好的效益主要是得益于先进地区园区发展空间的扩展需求和落后地区的急需资金、项目和技术的引进高度契合。园区之间的"强强联合"却较为鲜见，这主要是因为实力水平相等的园区之间没有"低端合作"的需求，未来的合作应充分挖掘园区之间的"高端合作"需求，朝着促进园区的创新转型升级方向努力。

三、园区联盟/协会体系需要完善，没有发挥应有的作用

长三角园区合作共建已经开展了多年，但园区合作缺少一个有效沟通的平台，由于信息不对称导致有合作意向的园区找不到合适的合作伙伴，没有渠道"宣传自己的合作意愿"，使得一些很好的项目"流产"。虽然2010年成立了长三角园区共建联盟，但这几年发挥的作用不尽如人意，所起到的实质性作用较少。例如，由上海市张江高新技术产业开发区管理委员会举办的系列产业对接会就是一个非常好的实践探索。

四、共建园区激励措施和考核评价体系不够完善

由于共建园区的利益共享往往是由合作园区双方共同商定，既没有成文规定，也不是规范性运作，即使有了成文规定也不一定适用全部园区。对于经济发达地区的地方政府来说，在园区合作向外产业转移时，一定会考虑到产业转

移之后面临着的税收和就业岗位的减少、经济指标考核下滑等难题，从而影响当地发展绩效，这会阻碍园区之间的合作。另外根据调研可知，浙江、江苏大部分园区面临着产业招商的压力，这在一定程度上导致其推进园区合作形式基本是着眼于近期利益，很难兼顾到长远利益，这往往造成"项目合作结束，园区合作结束"的局面。因此，实现合作的可持续性必须依赖完善的考核评价办法，以制度化推动共建园区的长期化、规范化发展。

第十五章 长三角园区合作的对策与建议

一、创新合作体制机制

构建园区、企业、政府、协会联盟以及大学、科研院所多方主体参与的园区合作模式。在园区合作的过程中，不同参与主体在不同的合作阶段所发挥的作用是不同的作用。在园区建立合作之前，园区协会和联盟就起到了至关重要的作用，园区协会或联盟可以通过举办各种活动（如产业对接会）来促进园区之间的沟通交流，为园区建立合作关系提供前提；在园区合作前期，政府发挥着重要作用，政府的主导能够快速推进园区合作计划的落实，为园区合作的落实提供保障；在园区的运营过程中，企业以及大学科研机构的参与能够保证园区的可持续发展。

二、创新合作形式内容

（一）构建从松散到紧密的渐进式园区合作网络

园区合作不是一蹴而就的，漕河泾新兴技术开发区"走出去"的实践中取得了较大成功，其基本经验可以总结成四种合作模式，分别是理念互动、项目对接、品牌输出和资本合作。这四种模式其实是一个从松散到紧密的渐进式的递进式合作过程，这比较符合园区合作的一般规律。

（二） 提高园区合作层次

园区合作会涉及不同行政区划内多个合作主体之间的利益，各主体往往从自身的利益出发考虑问题，这往往导致园区合作难以开展、推进，这时候就需要更高层次的组织来协调多方利益诉求。鼓励合作园区共同建立园区管理委员会，选派干部到园区任职、挂职，不断创新完善管理体制机制。如沪—盐已基本建立起高层沟通交流机制，通过高层互访、干部挂职、定期会商、信息互通、活动促进，达成重要共识，解决关键问题，这使得沪—盐合作取得了实质性的进展。

（三） 充分发挥园区联盟、协会和商会等中介组织的作用

中介组织在园区合作过程起到十分重要的作用，但在长三角园区合作的过程中所起到的实质性作用不够明显，其主要原因是园区联盟、协会和商会等中介组织对园区、企业等合作主体缺乏约束性。本书认为：首先，园区联盟、协会和商会等中介组织必须要建立一套完善的奖惩运作机制，同时设立专项基金，对加入园区联盟、协会和商会等中介组织给予各种帮扶和奖励，也就意味着这些中介组织要承担相应的责任。

（四） 改变激励措施和考核评价体系

先进地区园区和后发展地区园区采取不同的评价考核体系，对于先进地区园区来说，对其发展绩效的考核应实现从重视税收、就业岗位减少等经济指标方面转向园区产业升级、创新能力等软实力提升方面；对于后发展地区，应逐步放宽产业招商数量等考核指标，要在根据自身产业定位的基础上，从重视引进产业的数量转向质量方面。

装备制造业篇

　　装备制造业又称装备工业，是为了满足国民经济各部门发展和国家安全需要而制造各种技术装备的产业总称。装备制造业是一个国家的战略性产业和工业崛起的标志，是一国制造业的基础和核心竞争力所在，发展装备制造业是转变经济发展方式的要求。按照国民经济行业分类，其产品范围包括机械、电子和兵器工业中的投资类制成品，分属于金属制品业、通用装备制造业、专用设备制造业、交通运输设备制造业、电气机械及器材制造业、通信计算机及其他电子设备制造业、仪器仪表及文化办公用装备制造业7个大类185个小类。

第十六章　全球装备制造产业现状

一、国际装备制造产业发展情况

从全球背景看，装备制造业不仅是国家工业中最为重要的部分，更是反映本国工业科技总体水平的标杆，同时也是国民经济的支柱产业之一。这种共识让发达国家近五年来出台了一系列的政策，推出了"再工业化"的战略，力图抢占国际竞争的制高点，参与全球产业分工，争夺产业链、价值链的角力场。

从 2016 年世界机械 500 强的榜单中，我们可以大致了解国际装备制造业的现状及区域分布。首先，从行业领域来看，国际装备制造企业遍布 17 个行业，前四强分别为机动车及零部件、电工电器、综合、通用机械制造行业。与之对应的最高排位的企业是日本丰田汽车、韩国的三星电子、日本日立以及美国通用电气。其次，从地域来分析，装备制造企业分布于 34 个国家和地区。目前国际装备制造业的主要生产国的排名，依次为美国、日本、中国、德国、韩国、法国。

（一）美国

美国列居各国之首，且 17 个行业均有企业分布。其前五强为机动车及零部件、其他民用机械、通用机械、电工电器。其中，通用机械、文化办公设备、其他民用机械、航空设备、农业机械这 5 个行业中的最高排位企业分别为通用电气、惠普、卡地纳健康、波音及约翰迪尔公司。

（二）日本

日本位列第二位，分布于除航空设备、国防设备、农业机械、重型矿山机械、食品包装机械之外的 12 个行业。其前四强为机动车及零部件、电工电器、综合和文化办公设备行业。其中，文化办公设备行业仅次于美国，日本机动车及零部件、综合以及仪器仪表在行业中排名最高，分别为丰田汽车、日立、理光集团。

（三）德国

德国位居第四位，在机动车及零部件、电工电器、综合、工程机械、通用机械等 13 个机械行业。德国在机动车及其零部件领域实力非凡。大众企业汽车、戴姆勒公司分别是世界 500 强的第二位、第五位；机械基础件、综合行业的最高排位企业为德国的蒂森克虏伯集团及西门子公司。

（四）韩国

韩国位居第五位，分布有机动车及零部件、电工电器、机床工具、船舶设备及综合 6 个行业。韩国在机动车及零部件、电工电器两个行业，优势明显，其中三星电子位于整个电工电器行业的最高排位，且在整个世界机械企业中的排名第四位。

（五）法国

法国位居第六位，分布在机动车及零部件、电工电器、通用机械、其他民用机械、航空设备、国防设备、机床工具和综合 8 个行业。较为突出的行业为机动车及零部件、电工电器，标致汽车、雷诺汽车位列第 29 位和第 34 位，法国圣戈班磨料磨具公司位居机床工具行业排名第一位。

从 2016 年度《世界机械 500 强》来看，世界机械 500 强企业仍主要集中在发达国家，格局基本稳定。美国、日本分别有 138 家、101 家企业入选榜单，中国占 95 个席位蝉联第三。前十强中，德国占 3 席，美国占 2 席，日本占 2 席，中国、韩国、中国台湾各占 1 席；前三强由日本、德国、中国占据。

老牌机械强国的竞争力仍然突出，德国、法国进入 500 强的企业总数虽不多，但进入百强的企业占三成左右，并均在行业领域优势突出。德国平均企业规模最大，平均销售收入为 310.9 亿美元。亚洲国家除日本外，韩国机械企业很有竞争力，12 家企业上榜，虽然数量不多，但平均销售收入达 372.6 亿美元，超过了德国，且一半的企业进入百强。

二、国内装备制造产业发展现状

近 30 年来，中国装备制造业得到了跨越式发展。这期间国家先后发布一系列里程碑式的政策性文件，引导我国装备制造业经历了三个阶段的发展：一是重大技术装备国产化（1983～2005 年），国家针对国内企业原有技术进行了技术改造，在依靠自己技术力量的同时，积极引进国外先进技术，合作设计、合作制造重点建设上述项目，为中国制造及中国经济振兴打下坚实基础；二是振兴装备制造业（2006～2009 年），国家通过发展一批有较强竞争力的大型装备制造企业，增强具有自主知识产权重大技术装备的制造能力，基本满足能源、交通等领域及国防建设需要，逐渐形成重大技术装备、高新技术产业装备、基础装备、一般机械装备等专业化合理分工、相互促进、协调发展的产业格局；三是高端装备制造自主创新（2015 年至今），国家重点培育和发展节能环保、新一代信息技术、生物、高端装备制造、新能源、新材料和新能源汽车等产业，将高端装备作为建设创新型国家的战略性新兴产业，纳入国家发展规划。

从 2016 年世界机械 500 强的榜单中，中国位居世界第三，分布于除文化办公设备、农业机械、仪器仪表、食品包装机械之外的 13 个行业。其前四强为机动车及零部件、国防装备、综合和电工电器。其中，国防装备、航空设备、工程机械仅次于美国，机动车及零部件仅次于日本和德国，综合行业仅次于日本、美国、德国，电工电器仅次于日本、美国、德国、韩国。

目前，中国有全球最完善的工业体系。据有关统计，中国是世界上唯一拥有联合国产业分类中全部工业门类的国家，拥有 39 个工业大类、191 个中类、525 个小类，具有全球最为完备的工业体系和产业配套能力。这是中国实现制造业强国宝贵而难得的坚实基础。中国装备制造业在这一基础上，产销量在全球排名第三，仅次于美国和日本。中国在国际上具有优势的高端装备制造产业只有轨道交通与卫星等产业，而在海洋工程装备、航空装备以及智能制造装备领域，中国仍较为落后，装备制造业总体仍处于产业链的中低端。

第十七章　长三角区域装备制造产业现状

一、产业规模

目前，我国处于从制造业大国向制造业强国过渡的关键阶段，重点在于培育高端装备制造业的发展。而长三角地区是我国经济最发达的地区之一，长三角地区装备制造业门类齐全，四大支柱产业合计产值几乎占全国装备制造业产值的一半。长三角地区装备制造业国际竞争力虽逐年增强，但总体上国际竞争力还较弱，不具有强比较优势。长三角地区两省一市中，江苏地区高端装备制造业国际竞争力最强，表现在制造业规模较大，且高新技术产业比重高，生产效率高，发展速度快，但效益尚未完全体现。上海其次，表现在规模大、效益好、生产效率高，但高新技术产业的比重不高，竞争力潜力不足。浙江制造业中高新技术产业的比重低，主要依靠低端产品对外出口，表现了强劲对外竞争力。安徽虽最弱，但近几年承接了两省一市的部分产业，装备制造产业增长率较快。装备制造业中，船舶及海洋工程的国际竞争力最强，具有比较优势，轨道交通装备制造业国际竞争力次之，航空航天和智能装备制造业国际竞争力最弱，具有比较劣势。

装备制造业的发展，离不开产业规模的增长。在国家2014年的统计公报中，定义装备制造业包括金属制品业，通用设备制造业，专用设备制造业，汽车制造业，铁路、船舶、航空航天和其他运输设备制造业，电气机械和器材制造业，计算机、通信和其他电子设备制造业，仪器仪表制造业，金属制品、机械和设备修理业。以下本书摘录各地区2015年度的统计公报来分析长三角装备制造产业发展规模。

（一）江苏省装备制造业发展规模

2015 年度江苏汽车制造业实现产值 7128.8 亿元，比上年增长 9.6%；医药制造业产值 3551.6 亿元，比上年增长 14.5%；专用设备制造业产值 5943.4 亿元，比上年增长 6%；电气机械及器材制造业产值 16910.3 亿元，比上年增长 8.7%；通用设备制造业产值 8803.8 亿元，比上年增长 6.2%；计算机、通信和其他电子设备制造业产值 19334.4 亿元，比上年增长 9.4%。

（二）浙江省装备制造业发展规模

2015 年度浙江省规模以上工业销售产值 64544 亿元，工业增加值 13193 亿元。其中，装备制造业增加值 4856 亿元，占规模以上工业的比重为 36.8%；高端装备制造业增加值 1607 亿元，占规模以上工业的比重为 12.2%；健康产品制造增加值 818 亿元，占规模以上工业的比重为 6.2%；节能环保产业增加值 778 亿元，占规模以上工业的比重为 5.9%；新一代信息技术和物联网增加值 1992 亿元，占规模以上工业的比重为 15.1%；新能源增加值 2256 亿元，占规模以上工业的比重为 17.1%；新能源汽车增加值 1438 亿元，占规模以上工业的比重为 10.9%；新材料增加值 1069 亿元，占规模以上工业的比重为 8.1%；生物增加值 871 亿元，占规模以上工业的比重为 6.6%；海洋新兴产业增加值 805 亿元，占规模以上工业的比重为 6.1% 增加值。

（三）上海市装备制造业发展规模

2015 年度上海汽车制造业实现产值 5168.22 亿元；医药制造业产值 904.89 亿元；成套设备制造业产值 4001.94 亿元；电子信息制造业产值 6159.55 亿元；石油化工及精细化工制造业产值 3375.31 亿元；精品钢材制造业产值 1159.53 亿元。

（四）安徽省装备制造业发展规模

截至 2015 年末，在全省规模以上工业企业中，装备制造业企业 5557 户，占 30.9%；资产总计 10434.4 亿元，是 2010 年末的 2.3 倍，企业户均资产由

2010 年的 14294 万元增加到 2015 年的 18777 万元。2015 年全省装备制造业实现增加值 3507.6 亿元，比 2010 年的 1670.7 亿元翻了一番，"十二五"期间年均增长 17%，比全部规模以上工业快 2.9 个百分点。装备制造业增加值占全部规模以上工业的比重逐年提升，由 2010 年的 29.8% 上升到 2015 年的 35.7%，对全部规模以上工业增长的贡献率由 2010 年的 37.1% 提高到 2015 年的 43.5%。

表 17 – 1   "十二五"期间安徽省装备制造业发展情况

| 年份 | 全部规模工业 | | 其中，装备制造业 | | 装备制造业总量占比（%） | 对工业增长的贡献率（%） |
	总量（亿元）	增速（%）	总量（亿元）	增速（%）		
2010	5601.9	23.6	1670.7	30.1	29.8	37.1
2011	7061.7	21.1	2179.7	28.3	30.9	39.6
2012	7550.5	16.2	2489.9	18.2	33.0	35.7
2013	8559.6	13.7	2890.5	15.7	33.8	37.4
2014	9530.9	11.2	3244.8	12.3	34.0	36.2
2015	9817.1	8.6	3507.6	11.1	35.7	43.5

二、子行业发展态势

2015 年全年中国电工电器行业实现出口交货值为 5595.69 亿元；汽车行业实现出口交货值为 3541.41 亿元；石化通用行业实现出口交货值为 2123.31 亿元；机械基础件行业实现出口交货值为 1522.51 亿元；仪器仪表行业实现出口交货值为 1176.86 亿元；文化办公设备行业实现出口交货值为 1029.69 亿元；矿山机械行业实现出口交货值为 835.64 亿元；工程机械行业实现出口交货值为 288.46 亿元。结合长三角地区的产业特点和区位优势，以下就电工电器、汽车行业、石化通用设备、机床工具四个子行业进行重点分析。

（一）电工电器

电工电器行业汇聚了发电、输电、变电、配电和用电设备及电工器材和各种特殊用途电器制造等，是国民经济装备制造业的主要支柱产业。电工电器的产品涉及能源的开发利用，电能的生产、输送和电能的使用等整个电灯流程系统。电工电器行业分为十大类，25个子行业。近年来，我国电工电器产业规模不断扩大，综合实力显著提升，平均增长速度达到25%以上，主要产品产量连续创造历史最好成绩，以清洁高效发电设备和特高压交直流输变电设备为先导的制造及技术水平显著提高，成为全球电工电器装备制造大国。数据显示，长三角区域电工电器行业工业总产值占全国工业总产值的38%，进入了平稳的中高速发展期，而江苏在长三角地区有较强的竞争力。

表17-2 2011~2015年长三角及全国电工电器行业规模
以上工业企业的工业总产值情况　　　　　　　　单位：亿元

序号	地区	2011年	2012年	2013年	2014年	2015年
1	江苏	11653.06	12716.06	14621.36	15694.41	16266.32
2	浙江	5052.94	5293.20	5696.60	6018.50	6302.90
3	上海	2164.37	2122.80	2126.16	2288.23	2150.84
4	安徽	737.30	853.84	969.49	1029.51	1086.93
5	全国	51426.42	54522.61	61018.14	66977.77	—

（二）汽车行业

目前，汽车工业是长三角地区内的主要支柱性产业之一。长三角地区凭借着较好的整车和零部件制造业基础，成为我国汽车产业集群的典型代表。

表17-3 2010~2015年长三角及全国汽车产量、增幅对比

地区＼年份	2010	2011	2012	2013	2014	2015
长三角汽车产量（万辆）	399.14	419.95	432.63	474.46	501.39	516.9
全国汽车产量（万辆）	1826.53	1841.64	1927.62	2212.09	2372.52	2459.8
长三角汽车产量增速%	—	5.2	3.0	9.7	5.7	3.1
全国汽车产量增速%	32.4	0.8	4.7	14.8	7.3	4.7

表 17－4 2015 年度中国汽车工业营业收入 30 强企业排名

排名	企业名称	地区	营业收入（万元）	排名	企业名称	地区	营业收入（万元）
1	上海汽车集团股份有限公司	上海	120252468	16	厦门金龙汽车集团股份有限公司	福建	2793280
2	中国第一汽车集团公司	吉林	51587283	17	奇瑞汽车股份有限公司	安徽	2714622
3	东风汽车公司	湖北	48779134	18	万丰奥威控股集团有限公司	浙江	2318110
4	北京汽车集团有限公司	北京	34522067	19	三环集团有限公司	湖北	1814593
5	中国长安汽车集团股份有限公司	北京	29781968	20	广西汽车集团有限公司	广西	1730010
6	广州汽车工业集团有限公司	广东	19539800	21	宗申产业集团有限公司	重庆	1710553
7	华晨汽车集团控股有限公司	辽宁	16054589	22	中信戴卡股份有限公司	河北	1619894
8	万象集团公司	浙江	11535989	23	北方凌云工业集团有限公司	河北	1600085
9	长城汽车股份有限公司	河北	7603314	24	安徽中鼎控股（集团）股份有限公司	安徽	1156148
10	中国重型汽车集团有限公司	山东	6166359	25	庆铃汽车（集团）有限公司	重庆	1136238
11	安徽江淮汽车集团控制有限公司	安徽	5840265	26	重庆隆鑫机车有限公司	重庆	1052710
12	比亚迪股份有限公司	香港	4386394	27	江门市大长江集团有限公司	广东	881604
13	郑州宇通集团有限公司	河南	4181200	28	陕西法士特汽车传动集团有限公司	陕西	800705
14	浙江吉利控股集团有限公司	浙江	3644648	29	辽宁曙光汽车集团股份有限公司	辽宁	638378
15	重庆力帆控股有限公司	重庆	3082116	30	无锡威孚高科技集团股份有限公司	江苏	577244

长三角是我国汽车产业发展规模最大、经济发展最好的地区，集中了中国诸多知名汽车公司，如上汽集团、上海通用、上海大众、东风悦达起亚和吉利公司等。

除整车公司外，长三角地区还拥有完整的零部件供应体系，无论是产业集群程度还是产业集中程度都在中国居于首位，产业综合实力强。长三角区域内资金密集、技术密集，龙头企业、合资企业、民营企业形成发展合力，使得长三角成为最具活力的产业集聚地。

从 2016 年 6 月中国机械工业联合会发布的 2015 年度中国汽车工业营业收入 30 强企业名单和相关数据看，长三角地区入围企业有 7 家，其营业收入占30 强企业总额的 39% 。

（三）石化通用设备

我国的石化通用设备行业主要分布在通用设备制造业、专用设备制造业、金属制品业中，主要包括 16 个子行业：石油钻采专用设备制造业，海洋工程专用设备制造业，塑料加工专用设备制造业，炼油化工生产专用设备制造业，印刷专用设备制造业，橡胶加工专用设备制造业，金属压力容器制造业，制冷空调设备制造业，阀门和旋塞制造业，环境保护专用设备制造业，泵及真空设备制造业，气体压缩机械制造业，其他通用设备制造业，风机、风扇制造业，气体、液体分离及纯净设备制造业，喷枪及类似器具制造业 16 个行业。

表 17 - 5　2011～2015 年长三角及全国石化通用设备行业规模
以上工业企业的工业生产总值情况　　　　　单位：亿元

序号	地区	2011 年	2012 年	2013 年	2014 年	2015 年
1	江苏	23115.86	25754.99	29465.24	31540.52	32973.2
2	浙江	14094.60	14425.12	15507.66	16492.2	15570.80
3	上海	6050.79	6105.63	6442.57	6256.32	5721.32
4	安徽	4672.15	5139.6	6113.24	7065.96	7448.39
5	全国	195309.1	211048.22	235170.24	253488.72	—

（四）机床工具

机械基础件是组成机器不可分拆的基本单元，包括轴承、齿轮、液压件、液力元件、气动元件、密封件、链与链轮、传动联结件、紧固件、弹簧、粉末冶金零件、模具等；其水平直接决定着重大装备和主机产品的性能、质量和可靠性。这是装备制造业的一个重要主要部分。而先进的机械产品和科研手段必须用先进的机床工具来制造。工业发达国家都把机床工具行业作为国民经济中具有重要的战略意义的工业，来加以重点扶持和发展。

表 17-6 2015 年度中国机床工具行业"30 强"企业正式发布

序号	单位名称	地域	序号	单位名称	地域	序号	单位名称	地域
1	北京北一机床股份有限公司	北京	11	江苏亚威机床股份有限公司	江苏	21	沈阳机床（集团）有限责任公司	辽宁
2	北京阿奇夏米尔工业电子有限公司	北京	12	济南二机床集团有限公司	山东	22	泰安华鲁锻压机床有限公司	山东
3	北京精雕科技集团有限公司	北京	13	东风汽车有限公司设备制造厂	湖北	23	天津市天锻压力机有限公司	天津
4	成都成量工具集团有限公司	四川	14	南通国盛机电集团有限公司	江苏	24	天水星火机床有限公司	甘肃
5	大连机床集团有限公司	辽宁	15	宁波海天精工股份有限公司	浙江	25	武汉华工激光工程有限责任公司	湖北
6	广州数控设备有限公司	广东	16	秦川机床工具集团有限公司	陕西	26	扬力集团股份有限公司	江苏
7	广东奔朗新材料股份有限公司	广东	17	瑞远机床集团有限公司	浙江	27	扬州锻压机床股份有限公司	江苏
8	杭州有佳精密机械有限公司	浙江	18	山东鲁南机床有限公司	山东	28	云南正成工精密机械有限公司	云南
9	合肥合锻机床股份有限公司	安徽	19	山东威达重工股份有限公司	山东	29	中南钻石有限公司	河南
10	江苏金方圆数控机床有限公司	江苏	20	上海工具厂有限公司	上海	30	株洲钻石切削刀具股份有限公司	湖南

机械工业联合会把机床工具行业分为九类：金属切屑机床制造、金属成形机床制造、铸造机械制造、金属切割及焊接设备制造、机床附件制造、木材加工机械制造、切屑工具制造、其他非金属矿物制品制造、其他专用设备制造。

我们从 2015 年中国机床工具行业 30 强企业名单中，可以看出长三角地区在这个领域的实力强劲，入围企业有 10 家，占比超过全国的 33% 以上。

三、重点企业发展态势

以下分别介绍 5 个重点企业，它们分别代表了长三角地区在装备制造方面行业和区域内的最高水平。

（一）徐州工程机械集团有限公司

徐州工程机械集团有限公司（以下简称徐工集团）成立于 1989 年，现有员工人数达 6000 名。2015 年徐工集团销售收入 739 亿元，位居世界工程机械行业第 9 位，世界机械 500 强企业第 155 位，中国机械 500 强企业第 15 位，是中国工程机械行业规模最大、产品品种与系列最齐全、最具竞争力和影响力的大型企业集团。

集团经营范围包括起重设备、汽车及改装车、建筑施工机械、矿山机械、环卫机械、动力机械、港口专用机械、通用基础、风动工具、工程机械成套设备、工程机械散装件及零部件的研发、制造、销售、租赁、售后服务及相关技术的研究和试验发展等。集团积极实施"走出去"战略，产品销售网络覆盖 174 个国家及地区，在全球建立的 280 多个海外代理商为用户提供全方位营销服务，年出口突破 16 亿美元，连续 25 年保持行业出口额首位。目前，集团 9 类主机、3 类关键基础零部件市场占有率居国内第一位；5 类主机出口量和出口总额持续位居国内行业第一位；汽车起重机、大吨位压路机销量全球第一位。

（二）正泰集团

正泰集团创建于 1984 年，总部位于浙江温州，是我国工业电器龙头企业和新能源领军企业。年销售额 400 多亿元，员工 3 万多名。产业覆盖"发、输、变、配、用"电力设备全产业链，并布局城市轨道交通、能源装备制造业、储能新材料、能源互联网、投融资平台与企业孵化园等领域。产品畅销世界 120 多个国家和地区，并已进入欧洲、亚洲、中东和非洲等国际配套市场。综合实力名列中国民营企业 500 强前茅，纳税额连续多年位居温州各类制造企业榜首。

旗下的浙江正泰电器股份有限公司系国内低压电器行业产销量最大的企业，也是上海 A 股首家以低压电器为主营业务的上市公司。正泰太阳能在全球建成了上百座光伏电站，是国内民营企业规模最大的光伏电站投资运营商。

（三）杭州海康威视数字技术股份有限公司

杭州海康威视数字技术股份有限公司（以下简称海康威视，股票代码为 002415）成立于 2001 年，2015 年总资产 303.16 亿元、职工 15222 名、销售收入 252.71 亿元、利润 58.69 亿元、研发投入 17.22 亿元。长期位居中小板市值前 3 位，是中国安防行业上市市值最大公司。连年入选"中国安防十大民族品牌"、中国安防百强（位列榜首），连续九年（2007～2015 年）以中国安防第一位的身份入选 A&S《安全自动化》"全球安防 50 强"，2016 年度中国企业 500 强中排名第 221 位。

公司是以视频为核心的物联网解决方案和数据运营服务提供商，面向全球提供领先的视频产品、专业的行业解决方案与内容服务，是全球视频监控数字化、网络化、高清智能化的见证者、践行者和重要推动者。公司产品和解决方案应用在 100 多个国家和地区，在北京奥运会、上海世博会、60 年国庆大阅兵、美国费城平安社区、韩国首尔平安城市、巴西世界杯场馆、意大利米兰国际机场等重大安保项目中发挥了极其重要的作用。

（四）上海汽车集团股份有限公司

上海汽车集团股份有限公司（以下简称上汽集团，股票代码为 600104）位居国内最主要的三大汽车集团之首，也是 A 股最大的汽车类上市公司。总资产为 5116.30 亿元，职工人数达 163817 名，年生产能力 577.99 万辆，在建产能 110 万辆。

2015 年集团销售汽车 590.2 万辆，销售收入 6704.48 亿元，利润 273.30 亿元，汽车研发投资高达 83.71 亿元，并以 1066.8 亿美元的合并营业收入，第 12 次入围《财富》杂志世界 500 强，排名第 46 位。

集团主要业务涵盖整车（包括乘用车、商用车）、零部件（包括发动机、变速箱等）的研发、生产、销售，物流、车载信息、二手车等汽车服务贸易业务，以及汽车金融业务四个板块。目前，集团正按照"重在向产业链两端加快延伸，加快创新、加快转型，着力提升产业链整体能级"的总体构思，零部件板块布局海外业务，服务贸易、金融板块开拓新业务领域；新能源汽车、互联网汽车、汽车智能化、前瞻技术、电商平台等一批战略项目也在加快实施。

（五）安徽科大讯飞股份有限公司

科大讯飞股份有限公司成立于 1999 年，是一家专业从事智能语音及语言技术、人工智能技术研究，软件及芯片产品开发，语音信息服务及电子政务系统集成的国家级骨干软件企业。2008 年，科大讯飞在深圳证券交易所挂牌上市，股票代码：002230。

公司是中国智能语音与人工智能产业领导者，在语音合成、语音识别、口语评测、自然语言处理等多项技术上拥有国际领先的成果。2008 年至今，连续在国际说话人、语种识别评测大赛中名列前茅。2014 年，首次参加国际口语机器翻译评测比赛即在中英和英中互译方向中以显著优势勇获第一。2011 年"国家智能语音高新技术产业化基地"、"语音及语言信息处理国家工程实验室"相继落户合肥。

公司率先发布了全球首个提供移动互联网智能语音交互能力的"讯飞语音云"平台。相继推出了"讯飞输入法"、"灵犀"等示范性应用，并与合作伙伴携手推动各类语音应用深入到手机、汽车、家电、玩具等各个领域。基于拥有自主知识产权的世界领先智能语音技术，公司推出从大型电信级应用到小型嵌入式应用，从电信、金融等行业到企业和消费者用户，从手机到车载，从家电到玩具，能够满足不同应用环境的多种产品，占有中文语音技术市场 70% 以上市场份额。

第十八章　长三角重点区域产业发展分析

　　长三角地区是我国经济最发达的地区之一，是制造业发展最为迅速的地区，是我国最重要的装备制造业和高端装备制造业生产基地。长三角地区装备制造业门类齐全，拥有四大支柱产业：电气机械及器材制造业、通用设备制造业和交通运输设备制造业、通信设备制造业。

　　我国装备制造业竞争力较强的地区主要集中在江苏、浙江、上海、安徽等地，这些地区的高端装备制造业竞争优势日益突出。总体上，长三角地区装备制造业区位优势明显、基础设施完善、拥有充分的技术和对外合作优势，各产业部门之间发展较为均衡，行业发展规模相对协调。正确理解长三角重点区域装备制造业发展情况与区域特色，对推动中国装备制造业由"大"变"强"、由"中国制造"真正变成"中国创造"具有重要意义。

一、江苏装备制造发展情况与区域特色

　　江苏是中国制造第一强省，总产值占全国的 1/8，连续五年居全国第一。目前，中国制造的规模占整个世界制造业 20% 左右，"江苏制造"约占世界制造业的 1.5%。江苏的制造业规模较大，产业结构合理，且高新技术产业比重高，生产效率高，发展速度快，但效益尚未完全体现。江苏智能装备制造、轨道交通装备制造、船舶及海洋工程装备制造这三大行业在装备制造业中的产值比重仍很低，高端装备制造业增长幅度也不一致。总的来说，江苏船舶及海洋工程装备制造增长速度加快，具有较好的竞争力优势和良好的发展势头；航空

航天虽然增长幅度较快，但还处于起步阶段，竞争力不具有优势但具有发展潜力；智能装备制造和轨道交通制造在装备制造业则尚未形成比较优势。

江苏制造业的发展以提高大企业集团的国际竞争力为目标，以国资、民资、外资"三资融合"为格局，初步形成了规模庞大、门类齐全、配套完整、开放度较高的装备制造业产业体系。其突出的特点是以沿江开发为重点，以产业设置的地域平衡为原则，以建设国际性制造业基地为发展目标，充分发挥临江适宜布局大运输量、大吞吐量、大进大出产业的优势，在沿江地区重点发展基础产业，沿着产业的上下游、前后向及旁侧链接延伸产业链，形成装备制造、化工、冶金、物流四大产业集群。在对传统产业的提升改造的基础上，仅将纺织行业作为提升的重点，淘汰了皮革产业、造纸行业等污染严重的行业。同时，由于上海等传统纺织基地的退出，使江苏的纺织业优势更加明显。在发展先进制造业方面，加大对电子信息产业、化工产业、医药产业、装备产业、汽车及关键零部件产业的政策扶持和投资力度，更好地与上海、浙江展开竞争。

二、浙江装备制造发展情况与区域特色

从浙江制造业的发展历程来看，除了劳动密集型工业相对成功外，更高层次的优势明显不足，以致有人认为，浙江工业化很难以优良的成绩"毕业"。浙江制造业中高新技术产业的比重低，结构不合理，主要依靠低端产品对外出口。浙江高端装备制造业在装备制造业中的竞争力情况与江苏相似，智能装备制造、轨道交通装备制造、船舶及海洋工程装备制造、航空航天制造这四大行业在装备制造业中的产值比重都很低，高端装备制造业增长幅度也与江苏相似。总的来说，船舶及海洋工程装备制造增长速度加快，具有良好的发展势头；航空航天虽然增长幅度较快，但还处于起步阶段；智能装备制造和轨道交通制造在装备制造产业中尚不具备比较优势。

浙江制造业经济创造能力在全国排名第六位，稍逊于上海和江苏。浙江将重点放在提高产品的市场占有率上，浙江拥有为数众多的民营中小企业，制造业发达，特别是如皮革产业、塑料制品业、造纸纸品业等传统制造业，

所占比重在 70 % 以上 。而在发展电子信息产业 、新医药产业 、仪器仪表产业 、装备制造业等现代制造业方面，政府的政策扶持和投资力度不足 。

三、上海装备制造发展情况与区域特色

上海制造业具有规模大 、效益好 、生产效率高等特点，但其高新技术产业的比重不高，竞争潜力不足。主要有三个特点：第一，由于上海的服务业发展速度加快，制造业特别是劳动密集型制造业因商务成本上升而大量迁出，从而产业结构得到调整与升级；第二，上海科研实力与技术水平在长三角处于领先地位，在积极承接国际制造业 、服务业转移并全面参与国际分工的过程中，逐渐侧重于发展资本 、技术密集型产业或环节，从而优化了制造业结构；第三，虽然上海制造业发展较快，但与"井喷式"发展的江苏 、浙江 、安徽相比，商务成本日益上涨也导致上海制造业相对于长三角其他三省来说，竞争力明显下降。具体在智能装备制造 、轨道交通装备制造 、船舶及海洋工程装备制造 、航空航天装备这四大行业产值比重都很低。总的来说，轨道交通装备制造增长速度加快，呈现良好的发展势头；智能装备制造在装备制造业中不具有结构优势；船舶及海洋工程装备在装备制造业中具有较好的产业结构优势，竞争力主要依靠产业结构优势拉动，具有较好的发展势头；航空航天制造在产业结构和竞争力结构上都具有相对优势，但其产值过低，是具有发展潜力的行业。

上海将"拓展支柱产业服务功能 ，装备产业加快向成套服务和系统集成突破，打造十大生产性服务业集聚区，以工业设计为依托，构筑都市产业十大设计平台"作为其装备制造业发展的目标 。再从产业导向来看 ，鉴于上海的城市特点及原有产业的层次 ，上海的产业重点除了在发展信息产业 、电子产业 、汽车零配件等方面与江苏 、浙江两省相同外，上海积极发展以电站和输配电设备 、轨道交通 、微电子装备 、精密加工装备 、重点专用装备 、能源类装备等八大领域装备制造业为重点的都市产业，而对皮革产业 、塑料制品业 、造纸纸品业 、纺织产业等一些传统制造产业的发展则比较少 。

四、安徽装备制造发展情况与区域特色

近年来，安徽积极融入长三角地区产业分工体系，初步形成了以汽车、工程机械、电器设备等装备制造业为支柱，钢铁、有色金属、水泥、煤化工、橡塑制品以及农副产品加工等协同发展的工业产业体系，在一系列政策规划的引导下，在优势行业发展、名牌企业建设、核心技术攻坚等方面都取得了突出成绩。但安徽制造业的发展仍面临着总量规模偏小、结构层次较低、增长方式粗放等诸多问题。

目前，安徽装备制造业从整体看已经位于全国的中上游发展水平。其中安徽省电气机械及器材制造业，在合肥、天长、芜湖电缆产业为主体的一批产业集群的带动下，发展效果显著，位于全国前列，与一些省份相比，优势明显。而作为安徽重点发展的交通运输设备制造业相比其他行业在全国竞争优势并不十分显著。电子及通信设备制造业近年来发展较快，在全国排名靠前。金属制品业、通用设备制造业、专用设备制造业、仪器仪表及文化办公用机械制造业基本处于中上游水平。

第十九章　长三角区域装备制造产业联动及配套分析

一、长三角区域装备制造产业联动分析

（一）在制造业竞争力方面的差异反映出长三角内部三省一市的产业互补性较强，结构层次存在梯度差异，已初步形成产业间的垂直型分工格局

浙江不断强化在传统劳动密集型产业上的优势。江苏在实施沿江开发战略以来，逐步将发展重点倾向于高端装备制造、国家重大项目配套等资本技术密集型产业。上海一方面继续保持自己在汽车、造船、钢铁等重工业上的优势；另一方面则根据全球制造业的服务业化趋势，大力发展为制造业提供金融、物流、技术、管理、研发、信息、法律咨询等支持的生产性服务业。安徽积极承接长三角地区产业分工体系，在充分享受政策规划的引导下，发挥后发优势，在智能制造、名牌企业建设、核心技术攻坚等方面都取得了突出成绩。

（二）制造业竞争力差异反映了各地不同的产业发展路径或模式

江苏自 1992 年浦东开发以来，逐渐将原来以乡镇企业为主体的"苏南模式"发展为以"苏州模式"为典型代表的基于 FDI 的出口加工发展模式，并在国际产业资本的带动下，制造业结构实现了优化升级，电子及通信设备等高新技术产品的竞争力大大提高。浙江经济起步于以"温州模式"为代表的民营经济，由于受投资规模的限制，在产业选择上往往集中于回收期限短、风险较小的传统制造业，在技术选择上，也局限于低技术行业。上海在周边省市传统

制造业竞争力日益提升、自身商务成本越来越高的情况下，主动或被动地将劳动密集型产业或环节迁出。同时，由于其独特的地理区位和经济地位，在国际制造业资本向长三角转移的过程中，逐步发展成总部经济中心和生产者服务中心（这在一定程度上削弱了其制造业的地位和竞争力）。安徽自响应国家西部大开发的号召后，主动承接华东两省一市的产业转移，近年来发展速度加快，装备制造业从整体上看已经位于全国的中上游发展水平。

（三）制造业竞争力差异反映出各地面临不同的升级问题

江苏应该采取措施扩大具有竞争优势行业的范围，以更好地承接国际产业资本的转移和为外资企业做配套，从而在外资的带动下实现产业结构高度化和向产业链高端环节攀升。浙江应该随着经济的发展，人均收入水平的提高，供给结构、需求结构和国内外产业分工结构的变化适时地推动制造业结构高度化，而不应满足于目前在传统劳动密集型产业的竞争优势。上海制造业竞争力的现状意味着，一方面应该重新审视自己重振制造业方案的可行性，即便可行，在打造先进制造业中心、推动五大战略重点（电子、汽车、钢铁石化等支柱产业，装备产业，船舶、航天航空等战略产业，光电子、生物医药等新兴产业，以及服装、食品等都市产业）发展时，也应定位在产业链的两端，即上游的研发、设计等环节和下游的售后服务、营销等环节，实施"哑铃"型的制造业发展战略；另一方面，应着力打造国际经济、金融、贸易和航运中心，积极推动生产性服务业的发展，以强化其在长三角都市圈中的龙头地位。安徽应充分了解自身工业化阶段，在承接劳动密集型产业为主，资本密集型产业为辅的产业转移的基础上，吸取两省一市发展的经验，实现弯道超车，在装备制造产业布局与创新发展上争取更快的飞跃。

二、长三角区域装备制造产业配套分析

产业配套集群是通过对资源的整合能力和协同效应显现出的竞争优势，大大扩展了地区经济增长的空间，成为区域参与国际竞争的骨干力量。江苏的船舶制造配套产业集群、浙江台州的塑料产业配套集群、上海的汽车产业配套集群、安徽的中药产业配套集群。这些产业配套集群的规模的日益膨胀，一方面直接提升了各省市的产业层次、推动工业化与城市化进程；另一方面，其构筑的高水平技术平台，降低了创新成本，通过发挥强有力的产业带动作用，增加企业的区域向心力，进一步推动了产业空间的集聚。实践表明，产业配套集群已经成为长三角区域经济发展的源泉，推动了整个长三角产业结构的升级。

以江苏省制造业配套集群与区域竞争力的研究为例，发现区域产业配套集群竞争力的强弱将直接影响到区域经济发展的后劲，产业配套集群是提高区域竞争力的重要方式。以2012~2016年数据资料，采用多指标综合评价的方法、相关分析法和回归分析对两者进行了分析得出结论，江苏省制造产业配套集群与区域竞争力之间存在正相关关系，制造产业配套集群竞争力每提高1%，则江苏省区域综合竞争力相应提高0.59%。由此表明，江苏省制造产业配套集群对区域综合竞争力有一定的推动作用，江苏省制造产业配套集群有助于区域竞争力的提升。

第二十章 长三角区域装备制造产业发展的对策建议

一、装备制造产业未来发展趋势

由于现代技术革命与高新技术的出现，以及信息技术的广泛运用，装备制造业所涉及的概念和领域正发生着深刻的变革，装备制造业的技术研究、开发、生产以及销售的全球化合作日趋加强，装备制造业呈现出全球化发展态势。在制造业全球化、世界产业分工大变动格局中，装备制造产业不断细分并呈现全球分布趋势，在发达国家与发展中国家之间，形成"高—中—低"产业分布格局。

经过三十多年的发展，我国制造业科技进步取得显著成绩，为装备制造产业的成长壮大做出了贡献。尽管我国装备制造业科技创新能力已经得到大幅提升，但与工业发达国家相比仍存在显著差距，主要体现在装备制造企业工艺装备水平低、产品结构集中在中低端、机械基础件和核心零部件制造能力差、重大装备项目的成套设备系统集成与工程技术能力薄弱等方面。

随着我国工业化进程的推进，市场需求结构逐渐从"金字塔"形向"纺锤"形进行转型。经济结构逐步走向中高端，带动了中高端装备产品需求的提升。而中高端用户的主体需求特征是完整的系统解决方案，系统解决需要用到各种不同的产品，产品创新也从单一的产品开发转为完善的产品线开发。因此，科技创新需要的不再是单个企业的创新能力，而是一个国家在应用材料、信息技术、电力电子、精密制造等各个产业的综合创新能力。当前，技术创新正呈现出越来越明显的系统性特征。

二、长三角区域装备制造产业存在的主要问题

苏、浙、沪、徽四地经济实力相当、地域上临近、人文环境相近，这为长三角制造业区域一体化的发展提供了良好的基础。在制造业一体化过程中，四地都表现出了强劲的发展势头，在全国的制造业强省排名中都处在领先位置，但长三角作为中国区域经济的"领头羊"，其目标是依靠区域的整体优势实现制造业的跨越式发展。为此，在制造业区域一体化过程中，三省一市不仅要关注自身的发展，更要注意消除长三角制造业发展的"瓶颈"，为整个长三角区域的制造业发展做出努力。虽然长三角地区高端装备制造业取得了长足发展，装备制造业的国际竞争力开始由相对较弱的比较优势向中等比较优势转变，但与世界高端装备制造业强国相比，仍存在较大的差距。主要体现在：

（一）工业发展阶段存在差异

我国仍处于工业化中期阶段，与实现了工业化的发达国家之间存在一定的差距。我国工业发展主要以劳动密集型产业为主，资本密集型产业为辅，同时高端装备制造业生产效率低，制造"代工"特征明显，国际竞争力不强。从全球价值链的角度来看，长三角制造业还处于比较低端的位置，先进制造业和高新技术产业发展的交易成本还很高。生产集中度和专业化水平偏低，难以采用高效先进的技术设备，制约了规模效益的发挥。同时，在环保、交通、产业规划上，三省一市没有协同，第三方物流不够发达，金融保险业制度创新落后，技术工程服务不到位，法律和产权服务、企业管理服务水平不够高等。这些都在很大程度上影响了长三角本土企业的效率和先进制造业跨国公司的投资选择和运作策略，制造业技术创新投入产出系数并不高，先进的技术"引进来了"，但"消化吸收"能力并不强，企业自主创新能力比较弱，国际竞争力不强，制约着长三角装备制造产业的发展。

（二） 从业人员的整体素质较低

企业科研人员缺乏，人才不足导致人力资本远低于发达国家，人才在长三角的流动、人才发展流动成本制约着长三角人才一体化。科技投入仍显不足，在一些地方，有限的科技资源未被合理运用，制造业信息化进程推进较慢，没有营造根植性的产业氛围，不少科技成果难以转化为现实的生产力。

（三） 制造业的地区发展不平衡

这一问题在江苏、浙江表现得尤为突出。靠近上海的地区苏州、无锡、杭州等已成为发展核心区，而苏中、苏北、浙南、皖西地区则成为边缘区域。不管是从制造业经济创造能力上看还是从科技创新能力上看，环上海地区都占据了绝对优势。非环上海地区的劳动力、人才、技术、资金等生产要素向环上海地区的流动为其制造业的发展以及经济的腾飞做出了巨大的贡献，这势必会无益于制造业区域一体化的发展。资源的有限性以及利益机制的不协调使得各行政地位和经济实力相当的城市之间存在畸形竞争，使长三角城市之间的经济关系逐渐离散，导致各个城市以行政区域为界，建立和发展"小而全"的经济体系，没有充分利用长三角广阔的市场。一个行政区的"经济"往往可能导致一个区域的"不经济"。在建设世界制造业基地的过程中，江苏提出要建设成为全球重要的制造业基地和全国产业层次较高的制造业基地，浙江提出要建设先进制造业基地，上海则推出了先进制造业行动计划。四地之间的竞争使得企业间的关联与协作难以开展，加大了装备制造业区域一体化发展的难度。

（四） 同质竞争与资源环境约束是长三角地区内部产业发展、整合面临的基本问题

很多研究发现，长三角地区产业结构相似系数过高、结构趋同，缺乏优化集群发展和创新的外部环境。由于计划经济以行政分割、政府竞争和地区保护等原因，长三角内部为获取竞争的相对优势，往往忽视长期分工和合作，缺乏先进制造业与现代服务业的协调发展，却代之以对抗性利益竞争为手段的零和博弈策略，从而陷入产业结构趋同及同质竞争，制约长三角一体化的深度发展。江苏与浙江的主要城市都在上海的周边，既对上海起到支撑的作用，在客

观上，也与上海形成同构竞争的关系。从以上对四地制造业经济创造能力的比较可以看出，各地在主导产业的选择上，竞相把电子、汽车、机械、化工、医药等产业作为发展的方向，没有形成梯度层次。在长三角，选择汽车作为主导产业的城市有 11 个，选择石化产业的城市有 8 个，选择通信产业的城市有 12 个。目前，上海除了在汽车、成套设备制造等领域拥有一定的领先优势外，其他产业领域与苏州、无锡、合肥、杭州等城市大体上处于同样的级别。

三、长三角区域装备制造产业发展的建议

长江三角洲是中国装备制造业的重点发展地区。地区装备制造业工业总产值超过全国装备制造业工业总产值的 1/3，54 个子行业中有 37 个工业总产值超过全国的 1/3，其中有 10 个行业的工业总产值占全国的 1/2 左右或超过1/2，处于绝对优势。以"上海为龙头，苏浙为两翼，安徽为腹地"的长江三角洲装备制造业的区域集聚态势极为显著，区域一体化进程不断加快，已经成为中国经济发展速度最快、规模最大、活力最强的地区。

（一）着力增强高端装备制造业的自主创新能力

与工业发达国家相比，长三角地区整体高端装备制造业还处于比较劣势，在高端装备制造内部比较具有优势的领域主要集中在低技术要求的加工装备和零配件领域。作为我国高端装备制造业的重要生产基地的长三角地区，急需加大对关键产品和技术以及高端装备制造业中的关键零部件及工艺装备的研发和投入力度。通过科技创新和技术引进，缩小与制造业强国之间的技术差距，为长三角地区装备制造业向更高水平发展提供技术支持。

加快产业结构的升级，提升科技创新能力。历史与现实表明，长三角的成功优势在于整体，未来的出路在于联合，关键因素是创新。长三角要早日成为世界制造业基地，应当继续充分发挥区位优势和经济优势，因地制宜，配合区域内的主导产业、支柱产业的形成与发展，利用区域内的高校、科研机构，不断提高创新能力，并积极与跨国公司在该区域内的研发机构合作，争取在国际竞争中占据有利地位。

（二）加大政府研发投入和政策扶持力度

加大对长三角地区高端装备制造业的政府研发投入和政策扶持力度，对于促进高端装备制造业发展具有重要意义。从20世纪80年代后期开始，我国大力引进国外先进技术设备、资金以及先进的管理经验，大大提升了我国装备制造业的竞争力，在发展过程中，资金和技术发挥了重要作用。为了促进装备制造业的持续发展，仍然需要政府进一步加大研发资金投入，不断提升高端装备制造业竞争力。加强政策扶持力度，在引进外资上，政府可以继续保留税收减免等对外优惠政策，对跨国公司的技术转让和研发基地建设给予适当优惠等。在产业基地建设上，进一步规范高新技术园区建设，完善基础设施，发挥园区优势企业示范和产业链集聚效应。

深化体制改革与创新，促进区域经济一体化发展。苏、浙、沪、皖四地在制造业发展过程中要转变观念，依靠政府体制改革与创新加强区域内合作、统一规划，打破目前行政分割对要素流动的阻隔，使各种生产要素在市场机制的作用下自由地流动和交易，从而优化资源和要素的区域配置，共同推进长三角装备制造业区域一体化的发展，促进"合作—竞争"良性循环局面的形成。长三角制造业发展的目标不仅是"强省"，更是"强区域"，在提升制造业整体经济创造能力方面，关键是要实现长三角区域制造业产业结构的梯度发展，消除同构现象。上海要发挥长三角制造业"龙头"的优势，应实施"主动接轨上海、无缝对接上海"的战略，支持长三角制造业区域一体化进程，逐步成为上海制造业的生产加工基地、协作配套基地。同时，推进城市之间的资产重组，将区域内的关键资源、优势资源向上海集中，打破行政壁垒，通过组织城市之间的联合与协作，共同推进长三角在生产要素、资金和人才等方面的合作，合理调整长三角制造业发展布局，形成统一的市场。

（三）制定区域产业共同发展战略

苏、浙、沪、皖四地在制定装备制造产业发展战略之际，必须重新审视现代化、市场化、信息化和全球化背景下的区域经济关系，对区域内装备制造产业的发展目标进行统筹规划，发挥地区优势，实现"错位"发展，根据苏、浙、沪、皖四地在自然资源、区位条件、历史发展、文化环境等方面形成区域内装备制造产业协同发展的协调机制，尽量形成自己的特色，实行差异化战略，努力在产业定位、技术创新等方面最大化地利用区域资源。具体来说，上海要充分利用其在人才、国际金融、物流等方面的优势，积极推进技术研发，并发展有特色的都市产业。江苏一直是我国重要的装备制造基地，应通过与当地高校和科研机构的合作，运用先进技术改造产业，并推进高新技术产业化，进一步吸引外资。浙江应充分利用沿海区位优越、市场经济活跃、企业活力较强等有利条件，在需求拉动、竞争推动、技术进步带动和产业政策促动下，努力把发展高新技术产业同嫁接改造传统装备制造产业结合起来，推进劳动密集型产业从低加工度向高加工度转型。安徽应发挥地缘优势，努力承接长三角产业转移的同时，积极把优势产业向内地及西部二次转移和辐射，努力达成共同的发展战略目标。同时，基于区域产业共同发展的客观需要，苏、浙、沪、皖四地要加快区域内各城市之间金融、交通、通信等基础设施的建设，促进资金、人才等各类要素无障碍流动，为实现装备制造业的发展战略，增强产业核心竞争力，营造良好的政策环境和发展条件。

（四）提高装备制造产业集群发展水平

在交通运输设备制造业中的汽车工业，由于行业具有关联度高，产业链强，辐射范围广，对上、下游产业的依赖性和带动效应明显等特点，依据苏、浙、沪、皖四地的资源禀赋和发展条件，提高汽车工业的产业集中度，加强上海的整车制造能力和核心技术研发能力，在苏、浙、皖三地大力发展零部件与原材料生产，增强供应能力，推动整车制造与零部件原材料供应、物流调配、销售系统协调发展，形成竞争力强劲的装备制造产业集群。加快发展区域性的科技创新和技术服务平台，逐步建立以企业为主体、产学研用紧密结合的开放型区域创新体系。鼓励装备制造企业通过引进技术的消化吸收再创新及并购参股国内外企业等形式，掌握装备制造业核心技术和关键技术；鼓励区域内装备制造企业与高校、科研院所共建研发机构和试验基地，联合组织科技攻关，对重大关键技术、共性技术，组织公开招标，联合研发具有自主知识产权的新产品、新技术和新工艺，联合申报国家重大科技项目和国际科技合作项目，提高自主研发能力。

（五）加强城市间区域合作，推动长三角整体经济发展

当前，长三角地区已初步形成了既具有比较优势的劳动密集型产业又具有高技术、资本密集型产业的高端装备制造业结构。未来，需要对长三角地区产业结构和空间布局进行优化和调整，形成以高技术产业为主导、高端装备制造业为主体、现代服务业为支撑的产业发展新格局。着眼于世界范围内经济结构调整、国际产业与资本转移，以及长三角地区经济合作与竞争，做大长三角产业的集聚规模，引进先进的工艺技术装备，优化发展行业的核心企业和优势主导产品，不断创新的技术研发和服务体系。长三角协同在国内外市场销售网络和营销体系，共享集约、高效、便捷的物流系统，不断优化适应市场的开放型产业组织体系。通过加强城市间区域合作，促进地区高端装备制造业一体化，实现产业协调、资源共享、市场相通、体制相融、人才互通。长三角地区产业协调需要着眼于产业布局和产业分工，做到"产业布局协调，发展政策协调，产业分工协调"三协调。发挥各地区自身装备制造业比较优势，整合区域产业资源，加强资源共享，做到基础装备产业整体发展、高端装备产业共同发展、支柱产业协调发展。

生物医药产业篇

　　生物医药产业是全球公认的高技术、高成长性、知识密集型的朝阳产业。按照国民经济行业分类，其产品范围包括化学药品原药制造、化学药品制剂制造，中药饮片加工，中成药制造，生物、生化制品的制造，卫生材料及医药用品制造，医疗器械制造 7 个大类 16 个小类。

第二十一章 全球生物医药产业现状

一、国际生物医药产业发展情况

21 世纪以来，生物医药产业一直保持高速持续增长，年平均增长率一直保持在 25% ~30%，2016 年全球生物医药产业产值达 1.2 万亿美元。全球生物医药产业呈现集聚发展态势，主要集中分布在美国、欧洲、日本、印度、中国等地区。美国位居榜首，约占全球市场份额的 36.1%；欧洲生物医药产业总体上呈现良好的发展势头，约占全球市场份额的 27.4%；日本约占全球市场份额的 11.2%；印度的生物医药产值则以将以年均 14% ~17% 的速度迅猛增长，在全球市场所占份额逐年提高。

（一）美国生物医药产业现状

美国的生物医药产业起步较早，经过几十年的发展，已具备了全球领先的技术水平和成果储备，其产业链成熟完整，专利保护得力，资本市场结构合理，关联产业和支撑产业发展完备，并制定了相应的产业发展战略，实施了有力的产业发展推动措施，已经形成多个发展势头良好的产业集群和多家世界有名的生物医药跨国公司。目前，美国已形成波士顿、旧金山、圣地亚哥、北卡三角研究地带、西雅图、纽约、费城、洛杉矶、华盛顿—巴尔的摩九大生物医药产业集群，其中主要有五个著名集聚基地：波士顿的基因城、旧金山的生物技术湾、华盛顿的制药城、北卡罗来纳的研究三角园以及圣迭戈附近的美国硅谷地区生物科技园。生物医药公司方面，2012 年全球 500 强上榜的医药企业共有 22 家，美国占据 50%。其中，强生公司、辉瑞制药排名前两位。

（二）欧洲生物医药产业现状

欧洲是仅次于美国的全球第二大医药市场，英国、德国、法国、瑞士等主要国家都将生物医药产业列为优先发展的战略产业，制定了相应的保障措施和各项。经过多年的努力，欧洲国家已在生物医药基础研究水平和研发创新能力方面取得了巨大进步，取得了众多的研究成果和创新产品。其中，欧盟在生物技术领域的一些重大创新发现已占据了全球 28% 的份额，而且这一比例正在不断增加。另外，英国还在生物医药领域获得了 30 余项诺贝尔奖。随着创新能力的不断提升，欧洲生物医药产业规模也在稳步提升，产业布局不断优化，涌现出了诺华、罗氏、赛诺菲、葛兰素史克、阿斯利康等多家世界著名制药企业，形成了英国伦敦、德国莱茵河上游三角地带、法国巴黎"基因谷"以及丹麦、瑞典药谷、挪威挪瓦姆生物医学科技园等多个生物医药产业集群。

（三）日本生物医药产业现状

日本是全球第三大医药市场，其医药产业的发展起步落后于美国和欧洲。发展初期日本通过"引进→改良→模仿→吸收→自主开发"这一循序渐进的产业政策，通过各种措施引进世界上最先进的技术，并且加以改造、创新，这些措施为其医药产业实现发展起到了重要作用。日本政府通过出台生物产业立国的国家战略，大幅增加了生物技术领域政府的研发投资，并以经济产业省和文部科学省为中心在日本各地区推行产业集结项目，建立生物医药园区。目前，日本已形成了东京首都圈产业集群区，汇集了众多在生物医药领域实力雄厚的科研机构和企业，同时建立了筑波生物医药技术研发委托业务联络网，成立了生物医药风险企业联盟，多种手段共同促进生物医药产业发展。此外，日本目前正在建设以北海道大学为主体的生物医药创新基地，该创新基地建成后，将为各企业投资生物医药领域提供平台，促进生物医药领域的研发，并将新的研发成果及时推向市场。

（四）印度生物医药产业现状

印度是世界制药业规模较大且发展速度较快的发展中国家之一，是全球重要的通用名药物生产大国，其医药品生产量已居世界第三位，约占全球产量的10%。其发展模式主要遵循了"大宗原料药中间体→特色原料药→专利仿制药（不规范市场）→通用名药物（规范市场）→创新药物"这一过程，通过产品和产业价值链的升级，将以国内市场为核心的工业转向以研发为基础、以出口为导向的全球化工业。印度政府十分重视培育本国制药产业的国际化竞争能力，其中主要的途径就是鼓励制药企业原料药通过国际认证方式进入国际市场。目前，印度是全球获得美国 FDA 的 DMF 注册最多的国家，约占总数的1/3。另外，印度还是目前全球重要的制药合同研发外包（CRO）基地，通过参与国际合同研发外包，印度制药业积极融入到全球创新药的研发链当中，获得了新药研发技术和经验积累，逐步建立了与发达国家接轨的质量标准和操作规范，培养了一大批新药研发人才，为其制药业结构调整提供了一条捷径。

二、国内生物医药产业发展情况

生物医药产业是我国重点发展的七大战略性新兴产业之一，"十二五"以来，生物医药产业产值以年均22.9%的速度增长，出现一批年销售额超过100亿元的大型企业和年销售额超过 10 亿元的大品种，我国在生物技术研发、产业培育和市场应用等方面已初步具备一定基础。随着政府《"十三五"国家战略性新兴产业发展规划》的政策利好、我国农村医疗保障体系的不断完善以及人民生活水平的不断提高，预计我国生物产业发展将迎来黄金发展期。

未来，我国生物医药产业发展将呈现以下趋势：产业创新能力有所增强，"重大新药创制"、"干细胞和组织工程"、"抗体和疫苗工程"等一批国家科技重大专项、"863 计划"项目将引领我国新药研发创新发展；区域发展进一步凸显，研发要素进一步向长三角、京津冀等地区集聚，制造环节加速向江苏、山东和广东等地集聚，并呈现向园区集聚、向经济发达地区集聚、向专业智力密集区集聚的产业特点，崛起了上海张江生物医药基地、泰州国家医药高新技术产业开发区、武汉光谷生物城等一批极具特色，创新能力强、产业发展迅速的生物医药产业园区。

第二十二章　长三角生物医药产业现状

一、产业规模

"十二五"期间，长三角地区生物医药产业发展势头良好，产业创新能力和国际交流水平较高，产业规模稳步提升，销售收入占比达全国的1/4强，是我国最重要的生物医药产业发展集聚区域。但在世界经济"弱复苏"、国内宏观经济增速放缓等因素的影响下，产业增速呈回落态势。

（一）江苏省

江苏省是长三角地区生物医药产业规模最大的省份，产业规模一直处于全国领先水平，"十二五"期间年均增长率达19.9%，高于全国平均增速2.1个百分点。2015年实现销售收入3963.2亿元，占全国比重超过1/7，居全国第二位。

（二）浙江省

浙江省也是我国生物医药产业较为发达的省份，但近年来产业增速趋缓，"十二五"期间年均增长率为10.3%，低于全国平均增速7.5个百分点。2015年实现销售收入1223.3亿元，占全国比重4.6%，居全国第六位，占比较2011年的5.8%有所下降。

（三）上海市

上海市生物医药产业20世纪90年代前在全国排名曾一度名列前茅，但随着全国尤其是其他省市生物医药的快速发展，上海市医药全国排名逐年下挫，"十二五"期间年均增长率为9.3%，低于全国平均增速8.5个百分点。2015年实现销售收入791.7亿元，占全国比重2.9%，占比较2011年的3.6%有所下降。

（四）安徽省

安徽省生物医药产业近年来发展增速较快，"十二五"期间年均增长率达20.0%，高于全国平均增速2.2个百分点，是长三角地区增速最快的省份。2015年实现销售收入751.8亿元，占全国比重2.8%，占比较2011年提高了0.4个百分点。

表22-1　"十二五"期间长三角地区生物医药销售收入及增速一览

单位：亿元

年份	江苏		浙江		上海		安徽		全国合计	
	销售收入	增速	销售收入	增速	销售收入	增速	销售收入	增速	销售收入	增速
2011	2008.7	28.1%	886.0	18.2%	552.9	10.9%	370.2	37.9%	15254.8	28.8%
2012	2564.2	25.6%	983.0	12.1%	644.3	13.5%	474.5	23.7%	17950.2	20.1%
2013	3035.1	16.6%	1080.5	8.1%	698.2	10.5%	569.4	17.2%	21628.9	17.9%
2014	3495.4	15.3%	1185.5	8.8%	734.1	5.1%	636.0	10.3%	24553.2	13.1%
2015	3963.2	13.9%	1223.3	4.1%	791.7	6.7%	751.8	10.8%	26885.2	9.0%

二、子行业发展态势

在生物医药各个子行业中，长三角区域各省市有着不同的发展优势和不足，现分为七大子行业详述如下：

（一）化学原料药子行业

（1）江苏省。2015年1~12月，江苏省化学原料药行业主营业务收入711.2亿元，位列全国第二，同比增长13.8%，高于全国平均增速4.0个百分点。实现利润48.1亿元，盈利水平居全国次席，较上年同期增长3.8%，远低于全国15.3%的平均增速。

（2）浙江省。2015年1~12月，浙江省化学原料药行业主营业务收入477.1亿元，位列全国第四，同比下降0.2%。实现利润43.7亿元，盈利水平居全国第三位，较上年同期增长7.0%，远低于全国15.3%的平均增速。

（3）上海市。2015年1~12月，上海市化学原料药行业主营业务收入88.7亿元，位列全国第十五，同比增长0.8%。实现利润13.3亿元，较上年同期增长30.1%，是行业平均增速的近两倍。

（4）安徽省。2015年1~12月，安徽省化学原料药行业主营业务收入125.4亿元，位列全国第九，同比增长16.1%，高出行业平均增速6.2个百分点。实现利润5.3亿元，利润率4.3%，远低于行业平均利润率。

（二）化学药制剂子行业

（1）江苏省。2015年1~12月，江苏省化学药制剂行业主营业务收入1602.8亿元，同比增长13.2%，高于全国平均增速3.9个百分点。实现利润208.2亿元，较上年同期增长15.1%，高于全国平均增速3.9个百分点，主营业务收入和利润水平均稳居全国首位，是排名第二的山东的两倍。

（2）浙江省。2015年1~12月，浙江省化学药制剂行业主营业务收入318.0亿元，位居全国第五，同比增长15.0%，高于全国平均增速3.8个百分点。实现利润44.6亿元，利润率14.0%，高于行业利润率2个百分点。

（3）上海市。2015年1~12月，上海市化学药制剂行业主营业务收入306.0亿元，位居全国第六，同比增长10.4%，低于全国平均增速0.8个百分点。实现利润39.4亿元，利润率12.9%，高于行业利润率0.9个百分点。

（4）安徽省。2015年1~12月，安徽省化学药制剂行业主营业务收入124.4亿元，位居全国第十六，同比增长5.6%，仅为全国平均增速的1/2。实现利润10.3亿元，利润率8.3%，低于行业利润率3.7个百分点。

（三）中药饮片子行业

（1）江苏省。2015年1~12月，江苏省中药饮片行业主营业务收入124.8亿元，同比增长21.9%，高于全国平均增速9.4个百分点。实现利润13.5亿元，较上年同期增长16.8%，低于全国平均增速2.0个百分点。主营业务收入排名第五位，与排名首位的吉林存在42.0亿元的差距。利润和利润率均居全国首位，2015年利润率达10.8%，高于行业平均利润率3.5个百分点。

（2）浙江省。2015年1～12月，浙江省中药饮片行业主营业务收入28.9亿元，位列全国第十七，同比下降9.3%。实现利润2.9亿元，利润率9.9%，高于行业平均利润率2.6个百分点。

（3）上海市。2015年1～12月，上海市中药饮片行业主营业务收入25.0亿元，位列全国第二十一，同比上涨3.6%。实现利润1.7亿元，利润率6.9%，低于行业平均利润率0.4个百分点。

（4）安徽省。2015年1～12月，安徽省中药饮片行业主营业务收入159.5亿元，同比上涨34.1%，居全国第三位。实现利润10.1亿元，利润率6.4%，低于行业平均利润率0.4个百分点。

（四）中成药子行业

（1）江苏省。2015年1～12月，江苏省中成药行业主营业务收入267.1亿元，主营业务收入居全国第九位，同比增长13.5%，是全国平均增速的2.4倍。实现利润24.0亿元，较上年同期增长15.4%。

（2）浙江省。2015年1～12月，浙江省中成药行业主营业务收入119.5亿元，居全国第十八位，同比下降4.5%。实现利润21.2亿元，利润率17.7%。

（3）上海市。2015年1～12月，上海市中成药行业主营业务收入84.6亿元，居全国第二十一位，同比增长4.7%。实现利润9.0亿元，利润率10.6%。

（4）安徽省。2015年1～12月，安徽省中成药行业主营业务收入166.3亿元，居全国第十五位，同比下降－2.6%。实现利润10.9亿元，利润率6.6%。

（五）生物、生化制品子行业

（1）江苏省。2015年1～12月，江苏省生物、生化制品行业主营业务收入396.5亿元，同比增长13.6%，高于全国平均增速3.3个百分点。实现利润

39.8 亿元，较上年同期增长 9.3%。主营业务收入和利润均位列山东之后，居全国第二位，但主营业务收入与排名首位的山东仍存在较大差距。

（2）浙江省。2015 年 1~12 月，浙江省生物、生化制品行业主营业务收入 118.6 亿元，位列全国第七，同比增长 8.4%，低于全国平均增速 1.9 个百分点。实现利润 14.6 亿元，利润率 12.3%。

（3）上海市。2015 年 1~12 月，上海市生物、生化制品行业主营业务收入 105.8 亿元，位列全国第十，同比增长 4.6%，不足行业平均增速一半。实现利润 34.3 亿元，利润率 32.4%，利润率超过行业平均利润 20.2 个百分点。

（4）安徽省。2015 年 1~12 月，安徽省生物、生化制品行业主营业务收入 90.2 亿元，位列全国第十二，同比增长 5.8%，低于行业平均增速 4.5 个百分点。实现利润 12.4 亿元，利润率 13.7%，利润率超过行业平均利润 1.5 个百分点。

（六）卫生材料子行业

（1）江苏省。2015 年 1~12 月，江苏省卫生材料行业主营业务收入 233.2 亿元，同比增长 10.4%，低于全国平均增速 0.3 个百分点。实现利润 17.6 亿元，较上年同期增长 22.6%。主营业务收入和利润均排山东、河南之后，居全国第三位。

（2）浙江省。2015 年 1~12 月，浙江省卫生材料行业主营业务收入 56.2 亿元，同比增长 3.7%，低于全国平均增速 7 个百分点，位列全国第七。实现利润 4.4 亿元，利润率 7.8%，低于行业平均利润 1.3 个百分点。

（3）上海市。2015 年 1~12 月，上海市卫生材料行业主营业务收入 33.8 亿元，同比增长 5.7%，低于全国平均增速 5 个百分点，位列全国第八。实现利润 5.0 亿元，利润率 14.7%，高于行业平均利润 5.6 个百分点。

（4）安徽省。2015 年 1~12 月，安徽省卫生材料行业主营业务收入 18.1 亿元，同比增长 11.1%，高于全国平均增速 0.4 个百分点，位列全国第十一。实现利润 1.3 亿元，利润率 7.5%，低于行业平均利润 1.6 个百分点。

（七）医疗器械子行业

（1）江苏省。2015 年 1~12 月，江苏省医疗器械行业主营业务收入 604.4

亿元，同比增长16.2%，高于全国平均增速5.9个百分点。实现利润58.6亿元，较上年同期增长13.3%。主营业务收入和利润均稳居全国第一位。

（2）浙江省。2015年1~12月，浙江省医疗器械行业主营业务收入82.9亿元，位居全国第八，同比增长3.9%，低于全国平均增速6.4个百分点。实现利润9.5亿元，利润率11.5%，高于行业平均利润率1.7个百分点。

（3）上海市。2015年1~12月，上海市医疗器械行业主营业务收入118.9亿元，位居全国第七，同比增长8.3%，低于全国平均增速2个百分点。实现利润8.3亿元，利润率7.0%，低于行业平均利润率2.8个百分点。

（4）安徽省。2015年1~12月，安徽省医疗器械行业主营业务收入63.2亿元，位居全国第十一，同比增长10.6%，高于全国平均增速0.3个百分点。实现利润5.0亿元，利润率7.9%，低于行业平均利润率1.9个百分点。

表22-2　2015年长三角区域生物医药各子行业排名及占比情况一览

子行业分类	长三角区域各省市								占比合计
	江苏省		浙江省		上海市		安徽省		
	排名	占比	排名	占比	排名	占比	排名	占比	
化学原料药	2	15.40%	4	10.30%	15	1.90%	9	2.70%	30.30%
化学药制剂	1	23.50%	5	4.70%	6	4.50%	16	1.80%	34.50%
中药饮片	5	7.30%	17	1.70%	21	1.50%	3	9.40%	19.90%
中成药	9	4.30%	18	1.90%	21	1.40%	15	2.70%	10.30%
生物、生化制品	2	12.50%	7	3.70%	10	3.30%	12	2.90%	22.40%
卫生材料	3	12.50%	7	3.00%	8	1.80%	11	1.00%	18.30%
医疗器械	1	25.40%	8	3.50%	7	5.00%	11	2.70%	36.60%

综上对长三角区域各省市各子行业的分析，可以归纳得出以下结论：

长三角地区在化学原料药、化学药制剂、医疗器械三个子行业，行业占比均超过30%，在国内处于领先地位。生物、生化制品，中药饮片，卫生材料三个子行业占比在20%左右，与行业龙头省份有较大差距，还有提升空间。受行业分工等因素的影响，中成药子行业占比仅为10.30%，需加大力度进行推进。

第二十三章 长三角生物医药产业
技术创新情况

一、新药研发创新能力

(一) 总体情况

长三角地区是我国新药研发能力较强的区域之一，上海、江苏新药研发水平一直处于全国前列。"十二五"期间长三角地区共申请新药 2056 个，获批临床批件 601 个，获批上市新药数 68 个，占据全国比例均超过 1/4，其中申请新药数和获批临床批件数超过 1/3。

(二) 新药申报和审批的结构情况

2015 年，长三角地区的新药申报结构方面，共申请化学药 1973 个，申请生物制品 111 个，中药、天然药物 75 个，化学药占据绝对优势，申请数占比超过 90%。

表 23 - 1 2015 年长三角地区新药申报审批汇总

江苏			浙江			上海			安徽			全国		
申请数	临床批件数	获批上市数	申请数	临床批件数	获批上市数	申请数	临床批件数	获批上市数	申请数	临床批件数	获批上市数	申请数	临床批件数	获批上市数
1217	351	28	357	86	13	217	38	21	265	126	6	5822	1807	276

新药获批临床方面来看，长三角地区共获化学药临床试验批件 587 个，获生物制品临床试验批件 21 个，中药、天然药物临床试验批件 15 个，化学药仍占据绝对优势，获临床批件数高达 94.2%。

新药获批上市方面来看，长三角地区共获批准化学药临床试验批件 90 个，获生物制品临床试验批件 10 个，中药、天然药物临床试验批件 9 个，化学药仍占据绝对优势，获批数占比达 82.6%。

二、重点企业

（一）重点企业规模

长三角区域拥有较多的医药重点企业，其产业规模居全国领先地位。工信部发布的 2015 年度中国医药工业百强企业榜单显示，长三角地区在百强中共占据 32 个席位，其中江苏省的扬子江药业集团有限公司更是位居榜首。

表 23 – 2　2015 年度中国医药工业百强省市分布情况

排序	企业所在省市	百强数
1	山东	15
2	江苏	13
3	浙江	13
4	北京	13
5	上海	5
6	广东	8
7	河北	4
8	天津	4
9	黑龙江	3
10	江西	3
11	辽宁	3
12	四川	3
13	陕西	2

排序	企业所在省市	百强数
14	湖北	2
15	山西	2
16	广西	1
17	贵州	1
18	河南	1
19	重庆	1
20	吉林	1
21	海南	1
22	安徽	1
23	云南	1
总计数		100

（二）创新能力

长三角区域的企业创新能力一直居全国领先地位，在工信部发布的2016年中国医药研发产品线最佳工业企业榜单中，长三角区域9家上榜，占据了20席中的近半数，其中江苏有6家上榜，据各省市首位。

表23-3　2016年中国医药研发产品线最佳工业企业

排名	企业名称	省份
1	江苏恒瑞医药股份有限公司	江苏
2	齐鲁制药有限公司	山东
3	正大天晴药业集团股份有限公司	江苏
4	江苏豪森医药集团有限公司	江苏
5	浙江海正药业股份有限公司	浙江
6	鲁南制药集团股份有限公司	山东
7	先声药业有限公司	江苏
8	江苏奥赛康药业股份有限公司	江苏
9	上海医药集团股份有限公司	上海
10	山东罗欣药业集团股份有限公司	山东

续表

排名	企业名称	省份
11	四川科伦药业股份有限公司	四川
12	瑞阳制药有限公司	山东
13	辰欣药业股份有限公司	山东
14	悦康药业集团有限公司	北京
15	亚宝药业集团股份有限公司	山西
16	四川百利药业有限责任公司	四川
17	浙江医药股份有限公司	浙江
18	深圳信立泰药业股份有限公司	广东
19	扬子江药业集团有限公司	江苏
20	沈阳三生制药有限责任公司	辽宁

第二十四章 长三角重点区域产业发展分析

一、江苏生物医药发展情况与区域特色

（一）江苏生物医药产业布局

通过坚持科学规划，着眼于抢占科技制高点，培育经济增长点，持续引导创新资源向园区和基地集聚，初步形成了以泰州医药产业高新区为中心、六大产业基地各具特色、差异化发展的产业布局。目前，泰州、连云港、南京、苏州、无锡、常州六大产业基地，汇集了58％的生物医药企业，产值已占全省总量的65％以上，产业集约化水平明显提高。

目前，泰州医药城发展势头强劲，阿斯利康、葛兰素史克、石药集团等近500家医药企业先后落户，医药大小分子筛选、分子诊断以及疫苗工程中心等平台相继投入使用，建成了国内规模最大的干细胞库、基因库、蛋白库和组织样本库，涌现了EV71疫苗、海姆泊芬等一批具有自主知识产权的重大新产品。苏州纳米科技产业园、昆山小核酸产业园、苏州高新区医疗器械产业园、无锡马山生物医药服务外包园区等26家省级以上生物医药产业园区发展势头迅猛，成为助推江苏省生物医药产业发展的强劲动力。苏州高新区医疗器械产业园已成为省内最大的医疗器械产业集聚区，苏州医工所、浙大工研院和俄罗斯联邦医疗技术科学院相继进驻，鱼跃、威海威高等30多家行业龙头企业和100多家相关企业先后落户。苏州生物纳米园已集聚287家生命科技相关企业，形成了国内产业链最为完整、产业集聚度最高的基因技术产业集群。昆山小核

酸产业基地集聚了国内从事该领域研究的顶尖级专家和以小核酸研发为主的制药企业 39 家，成为全国甚至全球小核酸产业的领军之地。连云港已成为国内一流的抗肿瘤、抗肝病、抗病毒、现代中药等创新药物研发和产业化基地，打造建设国际一流的医药产业创新集群。无锡汇集了药明康德、国际干细胞联合研究中心等 40 多家高端生物医药服务外包企业，正在加紧建设全球最大的单克隆抗体研制基地。

（二）江苏生物医药产业发展特点

（1）产业集聚程度不断提升，产业基地发展迅猛。通过坚持科学规划，着眼于抢占科技制高点，培育经济增长点，持续引导创新资源向园区和基地集聚，初步形成了以泰州医药产业高新区为中心、六大产业基地各具特色、差异化发展的产业布局。

（2）推进实施重大科技创新与产业化项目，自主创新能力显著提升。省委、省政府非常重视在生物医药领域的研发和产业化，在抗体、疫苗、高端医疗器械和生物医用材料等领域部署了一批重大项目，3～5 年后将进入产出期，有望形成新的增长点。省科技部门还积极组织全省高校、科研院所和企业申报国家重大新药创制专项，获国家重大新药创制专项经费超过 2 亿元。至此，全省共承担重大新药创制专项 165 项，国拨经费超 10 亿元，项目数和经费数均居全国省份第一。

（3）新药创制能力大大提升，新药申报数位居全国前列。2015 年，江苏共申报新药 1217 个，占全国的 20.9%，获得临床试验批件 351 个，占全国的 19.4%，获批上市新药数 28 个，占全国的 10.1%，均居全国首位。

（4）企业 R&D 投入不断加大，竞争能力显著增强。目前，全省 326 家生物医药高新技术企业研发投入占销售收入比重平均达到 6% 以上。其中，恒瑞、先声、康缘等一批医药骨干企业研发投入占销售收入的比重超过 8%，创新能力和综合实力持续提升。扬子江药业奥美拉唑肠溶胶囊正式进入欧盟市场；恒瑞医药的伊立替康注射液和注射用奥沙利铂先后通过美国和欧盟认证。其中，伊立替康是国内首个在美国上市销售的注射液产品；先声药业和百时美施贵宝双方再次签署协议共同开发心血管药物积极抢占国际创新制高点，并与知名跨国企业默沙东成立合资公司，联手进军国际国内市场；康缘是我国中药行业拥有新药证书和国内外发明专利最多的企业；正大天晴在肝病药物和甘草制剂方面居世界领军地位。

（5）加快集聚高端人才，引领作用明显。建立健全鼓励高端人才创新创业的激励机制，大力吸引生物医药高层次人才到江苏创新创业，对引进的海内外高层次人才和团队，省创新科研团队计划和省高层次创新创业人才计划给予重点支持。近年来，海内外大批生物医药领军人物落户江苏，其中国家千人计划人才50人，占全省千人计划人才总数的15.6%，省双创人才中，生物医药领域有297名，占总数的16.3%。吸引了王鹏、葛建等一大批曾在礼来制药、先灵葆雅等著名跨国企业担任首席科学家的国际领军人才，使江苏省在抗体药物、人类基因组、肿瘤药物等领域与国际同步。

（三）江苏重点生物医药企业

（1）扬子江药业集团有限公司。扬子江药业集团有限公司主营业务收入已连续多年名列全国医药工业企业百强榜前三名，各项主要经济技术指标连续10年跻身全国医药行业前列，排名江苏医药首位，8个产品的市场占有率全国第一。企业每年技术创新投入占销售收入比重达3%左右，依托产学研联合建成设施一流的江苏省（扬子江）新药研究院，拥有国家级企业技术中心、药物制剂新技术国家重点实验室、中药国家工程研究中心等创新研发平台，现有专业化研发团队近400人。产品体系覆盖10多个领域、20多种剂型、200多个品规。企业目前针对重大疾病在研的各类药物近100个。

（2）江苏恒瑞医药股份有限公司。江苏恒瑞医药股份有限公司是国内最大的抗肿瘤药物研究、生产基地，具有较强的自主创新能力，位列医药上市企业最具竞争力前三，抗肿瘤药物销售已连续9年在国内排名第一，生产的抗肿瘤化疗一线药物的销售量占全国1/5。公司是国家"重大新药创制"专项创新药孵化器基地，是"中国抗肿瘤药物技术创新产学研联盟"的牵头单位；2011年，组建的国家靶向药物工程技术研究中心成为江苏省医药企业建立的第一家国家级工程技术中心。在美国、上海、成都和连云港建有四大研究中心和一个临床医学部，拥有各类高层次专业技术人员1200余名，其中有500多名博士、硕士及海归人士，有4人被列入国家"千人计划"，7人被列入"江苏省高层次创新创业人才引进计划"。近年来，公司先后承担了4项国家"863

计划"重大科技专项项目、23 个项目列入国家"重大新药创制"专项，12 项国家火炬计划项目，7 项国家星火计划项目，23 项国家级重点新产品项目及数十项省级科技攻关项目。申请发明专利 200 项，其中 PCT 专利 97 项。

（3）江苏康缘药业股份有限公司。江苏康缘药业股份有限公司是国内最大的妇科中成药科研和生产基地，围绕妇科疾病、骨伤科疾病、心脑血管疾病、肿瘤等领域，先后开发国家新药 47 个，拥有国内最大的智能化中药材提取生产线，自主创新能力在同行业中居第五位，发明专利授权数在同行业排名第一，是我国中药行业拥有新药证书和国内外发明专利最多的企业之一。主导产品桂枝茯苓胶囊有望成为我国第一个通过 FDA 认证、进入国际主流药品市场的创新中药。

（4）正大天晴药业集团有限公司。正大天晴是国内最大的肝病药物生产企业之一，甘草酸系列肝病治疗药物市场占有率在 15% 以上，位居同行之首。在研项目 110 项，其中一类新药 17 个。国家一类新药"异甘草酸镁"化合物专利获得国家专利最高奖项——第十届中国专利金奖。

（5）先声药业有限公司。先声药业是国家级高新技术企业，2013 年中国医药工业企业百强榜排名第 30 位。年销售额超 20 亿元，每年将销售收入的 6% 作为新药研发资金，近三年累计研发投入 5.4 亿元，拥有"恩度""必存"等大品种药物。近三年获得一类新药证书 3 个，一类新药临床批件 7 个，10 个具有自主知识产权保护的创新药物项目处于不同的研发阶段。拥有有效国内外发明专利与申请 174 项，其中授权 75 项（66 项中国专利、9 项国外专利），累计提交 16 项 PCT 申请。近三年累计承担"重大新药创制"科技重大专项 15 项、国家国际科技合作项目 1 项、省级科技计划项目 24 项、市级科技计划项目 5 项。

2014 年，先声药业联合弘毅投资、挚信资本、复星药业成立基金会，在未来 3 年时间内募集 30 亿元，成立创新创业平台"百家汇"，专注于创新药物研发。"百家汇"区别于政府孵化器，是一个开放式的创新创业平台，将依托制药企业、境内外科研机构、全球投资基金，形成共同孵化培育创新创业企业的合作模式。

二、浙江生物医药发展情况与区域特色

（一）浙江生物医药产业布局

目前浙江生物产业的特色在不断凸显，中药材加工和种植继续保持传统的优势，智慧健康和第三方诊断领域也涌现出一批行业龙头企业，产业规模在全国处于领先地位。"十三五"期间全省将以"一核三级三带"的空间布局，围绕"医、养、健、智"四大板块，聚焦八大领域去推动生物产业发展。到2020年，全省生物产业主产出要突破1万亿元，成为浙江省主要支柱产业，总体发展水平走在全国的前列。

"一核"就是以杭州都市圈为全省生物产业的核心，推动产业发展和高端要素的集聚，如社会资本举办高端医疗机构和特色专科医疗机构。"三级"就是宁波、温州、金华，主要是推动医疗服务、健康养老、健康旅游和文化、医疗设备及机械制造、药品和健康领域的高端化、特色化发展，加快其对浙东南和浙中地区的辐射带动作用。"三带"指浙西、浙南健康养生带，浙北平原健康休闲产业带。

浙江省生物医药领域主要发展思路是实施化学原料药基地临海园区从传统制造模式向现代医药制造模式转型的示范试点工作；支持杭州生物产业、绍兴滨海新城、湖州和金华生物医药产业、杭州湾医疗装备产业、舟山新区海洋生物产业等医药产业集聚区块转型升级，逐步在全省全面推进现代医药转型升级综合试点。

（二）浙江生物医药产业发展特点

（1）浙江拥有一批由优秀企业家引领的具有研发、产品、人才、市场、管理优势，并具有强劲发展势头的骨干和创新型企业，已成为从医药大省向医药强省迈进的中流砥柱。

（2）浙江省医药创新意识较强。贝达药业是一家引进海归团队创办的国家级高新企业，近几年来启动新药研发项目20多个，其中一类新药盐酸埃克替尼原料药及片剂已经上市。全厂有科研人员 1500 多人、拥有 6 位"千人计划"人才，产品研发投入占销售收入的 12%。

（3）浙江省一直坚持"产品经营和资本经营"双轮驱动的战略。全省有上市公司 20 家。凭借资本市场的融资功能把企业做大做强，加快以资本或以产品为纽带的并购联合。

（4）浙江省生物医药坚持国际化的发展战略。自 1997～2012 年，除 2011 年外，连续 15 年浙江医药出口交货值位居全国第一，占全国出口交货值的 20% 左右。

（5）商业模式新型化，多元化。华东医药注重产业链延伸和拓展深度服务，分别建立了为医疗机构、为供应商服务和银企合作的平台；英特药业第三方物流得到国内同行的高度认可；海瑞合资企业为将产品研发优势转变为市场优势，将辉瑞的"7 + 1"产品和海正的产品统一由全资控股的瑞海医药公司销售，预计 2013 年销售额达到 30 亿元。珍诚的电子商务、邦达的第三方物流取得了很大的突破。民生药业、康恩贝药业成立专业队伍开展网上交易取得了显著的成效。

（三）浙江重点生物医药企业

（1）杭州华东医药集团有限公司。杭州华东医药集团公司前身为浙江制药厂，创建于 1952 年。1992 年 12 月，在杭州华东制药厂的基础上组建了杭州华东制药集团公司，已发展成为拥有一家股份制企业——华东医药股份有限公司、四家中外合资企业（杭州中美华东制药有限公司、杭州默沙东制药有限公司、杭州九源基因工程有限公司、浙江华义医药有限公司）等 10 多家控股医药企业。集团在浙江省医药企业中规模最大。

（2）普洛药业股份有限公司。普洛药业股份有限公司是一家主要从事医药中间体、化学原料药及制剂、天然药物的生产、经营、研发的上市公司。2015 年公司营业收入 43.38 亿元，净利润 2.08 亿元，2015 年全国医药工业百强榜位列第 44。

普洛药业为国家重点高新技术企业、浙江省医药工业重点企业，并已连续九年荣获浙江省医药工业"十佳企业"称号。公司现拥有数条化学制药、半合成抗生素、医药制剂现代化生产线。9 个产品年销售额过亿元，8 个品种通过美国 FDA 现场审计，数个品种通过欧盟 EDQM 的 CEP 认证和韩国 KFDA 现场检查。旗下普洛康裕制药、巨泰药业所有产品和剂型通过了新版 GMP 认证，普洛得邦医药销售通过了新版 GSP 认证。其中，氧氟沙星产品获得由欧洲药典委员会颁发的 COS 证书，使康裕制药成为全世界少数几家取得这一产品的 COS 证书的企业之一。

（3）康恩贝集团有限公司。1994 年 5 月，以浙江康恩贝制药股份有限公司为主要成员企业的康恩贝集团在杭州成立，业务范围包括投资和实业经营，涉足的产业涵盖多个领域，目前已经形成了以医药产业为主业，生物农业产业、健康食品和饮料产业、养生地产业为辅的产业体系，截至 2015 年末，集团资产规模约 124 亿元，销售规模逾 126 亿元。集团位列全国医药工业四十强、全国中药行业十强，是浙江省工业行业龙头骨干企业，浙江最大的中药企业。

集团旗下拥有康恩贝、前列康、珍视明等著名品牌，销售额 1 亿~5 亿元级的品牌共有 10 个，是浙江省医药行业拥有亿元级品牌最多的企业之一。康恩贝集团拥有多个新药研发技术平台和一支术业有专攻的精英技术团队，是浙江省中药行业唯一集国家级技术中心、国家级博士后科研工作站、院士工作站、国家创新型企业和浙江省重点企业研究院于一身的企业。

三、上海生物医药发展情况与区域特色

（一）上海生物医药产业布局

上海市生物医药制造及医疗器械业集聚成效明显，已形成了以张江高科技园区为核心，徐汇枫林功能区、奉贤星火开发区、青浦开发区、南汇国际医学园和金山工业园区六大产业化基地的生物医药产业格局。

（1）研发服务外包业。

①浦东基地。依托张江国家生物医药产业基地核心区和中国（上海）自由贸易试验区，在大力发展研发服务外包业的同时，加快引进外资研发中心和跨国公司总部，形成具有国际水准、亚太一流的创新产品研发和外包服务集聚

区。②徐汇基地。依托徐汇枫林生命科学园等区域医疗资源优势，做大做强上海临床医学研究中心，加快引进国内外著名研发、CRO 机构和跨国公司总部，力争建成符合国际新药开发和临床研究标准的示范区，成为中国生命科学研究水平最高地区之一。

2. 制造业。

①浦东基地。位于张江核心园、上海国际医学园区和康桥工业区内，重点发展生物制药、药物新制剂、高端医疗器械等知识密集、高附加值、高容积率、低能耗、低污染的产业，形成具有国际水准、亚太一流的创新产品制造集聚区。②闵行基地。位于莘庄工业区、闵行经济技术开发区和漕河泾开发区浦江园区内，重点发展生物制药、化学药物制剂、医疗器械的研发和生产制造，加快药物制剂新技术和生物医用新材料的产业化，成为生物医药高端制造基地。③奉贤基地。位于生物科技园和星火开发区内，重点发展生物制药、现代中药、高端化学原料药及其制剂。④金山基地。位于金山工业区内，重点发展化学原料药及中间体、药物制剂、医疗器械、医用包装材料。⑤嘉定基地。位于嘉定工业园区，重点发展数字化医学影像、微创介入与植入器械等高端医疗器械领域，打造高端医疗器械领域项目的成果转化与产业化孵化平台，加速形成产学研合作创新基地和孵化基地。⑥青浦基地。位于青浦工业园区内，重点发展医疗器械、现代中药、生物制药、医药包装材料等领域的生产制造。

（二）上海生物医药产业发展特点

（1）化学制药企业占据主导地位。化学制药是上海生物医药行业的支柱行业，在生物医药产业中占据主导地位。从工业总产值分布情况看，化学制药业的生产规模最大，产值占整个行业的52%，超过半数。

（2）医药工业企业规模以小型企业为主。上海医药工业企业还以中小型企业为主，在所有工业企业中小型企业占85%，中型企业占15%。

（3）外资企业经济比重较大。股份制经济和外商及港、澳、台地区投资经济占据上海生物医药经济的主导地位。外商及港、澳、台地区投资经济企业持续稳定增长，外商及港、澳、台地区投资经济和其他经济占69%以上，行业外向度不断提高。

（三）上海重点生物医药企业

（1）上海医药（集团）有限公司。上海医药（集团）有限公司（以下简称上药集团）是一家集科、工、贸为一体的大型企业集团，现有员工近3万人，注册资本31.58亿元，是中国规模最大、产业链最完整、营销网络最健全的医药企业，并跻身中国企业500强、2015年全国医药百强榜第六名。

上药集团旗下拥有上海信谊药厂有限公司、上海一生化药业有限公司、上海新先锋药业有限公司、上海市药材有限公司、上药集团新华联制药厂、上海三维制药有限公司、上海中华药业有限公司、青岛国风药业股份有限公司、上海市医药股份有限公司、上海中西药业股份有限公司等控股公司，也是国内A股市场大型医药类国有控股上市公司的股东之一。上药集团主营业务涵盖化学药、生物药、中药和医药流通等诸多领域，产品覆盖人类生命健康的各个领域。

上药集团拥有中央研究院以及3家国家级技术中心和14家省（市）级技术中心，与中科院药物所等80多家著名科研院所建立长期战略合作关系，已成功研发国家级新药277个，申报十余项国家"重大新药创制"科技重大专项。拥有新亚药业、信谊、广东天普、第一生化、常药、药材、青岛国风、胡庆余堂、正大青春宝等一批核心生产制造企业，生产涵盖化学制剂、生物制剂、中药和保健品、化学原料药等领域产品，有3000余个药品生产批文，其中列入国家基本药物目录198个，独家品种156个，中药保密品种8个，中药保护品种31个，共计18个产品已通过美国FDA、澳大利亚TGA等认证，可直接在美国或者澳洲市场销售。拥有包括信谊、雷氏、龙虎等中国驰名商标在内的20余个知名品牌，拥有心脑血管、抗感染、消化系统、神经系统、抗肿瘤等治疗领域销售过亿元产品20个。分销规模位列华东和上海最大、全国第二，分销渠道遍布中国30个省市，销售收入比重达到65%。物流基地10个，拥有中国8个省市的零售连锁药店近2000家。

（2）上海复星医药（集团）股份有限公司。上海复星医药（集团）股份有限公司（以下简称复星医药），前身为上海复星实业股份有限公司，成立于1994年，1998年8月在上海证券交易所挂牌上市。复星医药专注现代生物医药健康产业，经过十余年的发展，在研发创新、市场营销、并购整合、人才建设等方面形成了核心竞争力，已成为以药品研发制造为核心，并在医药流通、诊断产品和医疗器械等领域拥有领先规模和市场地位的大型专业医药产业集团。

复星医药注重创新研发，拥有国家级企业技术中心；在中国，复星医药已取得肝病、糖尿病、妇科药物、临床诊断产品、拇外翻产品、口腔治疗机构等细分市场的领先地位；在国际市场的抗疟药物、特色原料药等领域发展迅速。目前，复星医药正以中国医药市场的快速成长和欧美主流市场仿制药的快速增长为契机，加快实施"创新、品牌、成本、全球化"战略，稳健经营、快速发展。

（3）上海景峰制药有限公司。上海景峰制药有限公司正式成立于2010年1月（以下简称景峰制药）。公司致力于中西药和生物制剂产品的生产和经营，为上海市高新技术企业，同时具备药品和医疗器械（三类）生产许可证。景峰制药拥有10条符合国家GMP标准的生产线。位于贵州省贵阳市的生产基地，设有通过国家GMP认证的大输液生产线，主要生产参芎葡萄糖注射液。

景峰制药产品包括心脑血管类、神经内科类、镇痛类、骨科（关节炎）类、风湿骨病类。其中心脑血管类达到占有率中国第一，玻璃酸钠制剂产品占有率中国第二。景峰制药主营产品为玻璃酸钠注射液（骨科及外科用）、玻璃酸钠注射液（眼科用）、参芎葡萄糖注射液、镇痛活络酊、骨筋丸等。

四、安徽生物医药发展情况与区域特色

（一）安徽生物医药产业布局

安徽省生物医药产业主要集中在蚌埠、亳州、合肥与芜湖，四市的生物医药产业产值占全省的60%。蚌埠是安徽省最早、规模最大的生物化工和生物能源生产基地；亳州是全国重要的中药产业集群化发展基地，集聚了一批中药饮片、中成药、特色中药提取物等方面的优势企业；合肥是安徽省生物育种、生物医药领域的"领头羊"，建成了合肥高新区生物医药产业园，产业园占地面积720亩，入驻企业达上百家；芜湖是安徽省重要的生物医药和植物提取物生产基地，建成了中国（芜湖）生命健康城，是集生命健康产业研发、孵化、中试、生产制造、成果转移、技术交易、综合服务等多功能于一体的第四代科技园。

（二）安徽生物医药产业发展特点

（1）产业规模不断壮大。近年来，安徽省生物医药产业呈现出增长快、势头强劲的态势，形成了一定的产业规模，主要表现在以下三个方面：①生物医药产业产值逐年增加。"十二五"末，安徽省生物医药产业产值突破500亿元。②生物医药企业数量规模扩大。2012年末，安徽省规模以上生物制药行业企业达24家，涌现出安科生物、丰原药业、济人药业等一批骨干生物医药企业。③医药品种不断壮大。截至2010年，安徽省共有一类新药6个、二类新药27个、三类新药20个。

（2）研发投入加大，自主创新能力不断增强。多年来，安徽省政府高度重视生物医药创新体系建设工作，投入大量资金建设生物医药技术创新公共服务平台、科研院所、重点实验室以及中试基地，积极支持企业开展重大科技研发。各大生物医药企业也纷纷加大研发投入，安科生物研发费用占主营业务收入的6.94%。目前，安徽省在注射用重组人干扰素α−2b、重组人生长激素等领域取得了重大技术突破。

（三）安徽重点生物医药企业

（1）丰原药业。丰原药业是一家以大容量注射剂为主导，解热镇痛、心血管、妇儿及原料药等系列产品为配套，集医药研发、生产、营销于一体的大型医药上市公司。公司是国家高新技术企业、全国百姓放心药品牌、中国创新力医药企业，自2007年起连续进入中国医药工业百强。

公司下设7家制药公司、5家医药营销公司、1家医药进出口公司、1家大药房连锁公司、1家药包材公司、1家国家级医药研发中心。拥有47条GMP生产线，产品涉及生物制药、化学制药、中成药、中药饮片、原料药五大领域，10余个剂型、300多个品种。

丰原医药研发中心是国家级企业技术中心，省级博士后科研工作站，拥有大批一流技术人才、先进的科研设备及中试工厂，并与国内外多家科研机构和院校建立合作关系。近年来，公司投入巨资进行新产品的研发工作，先后研发并投入生产国家一类新药醋酸丙氨瑞林、萘哌地尔，二类新药扎来普隆，西尼地平等几十种新药；并率先完成二类新药富马酸伊布利特的临床研究与生产上市工作，填补了国内该领域的空白。公司还拥有赖氨匹林、双氯芬酸钠贴片等产品的多项专利技术，为公司的长远发展提供强大的技术支撑。

（2）安科生物。安徽安科生物工程（集团）股份有限公司是国家创新型试点企业，国家"火炬计划"重点高新技术企业，国家"863计划"成果产业化基地，首批中国创业板上市公司。

安科生物长期致力于细胞工程产品、基因工程产品等生物技术药品的研发和核心技术能力的构建，设有博士后科研工作站和1个省级技术中心、2个省级重点实验室，是国内最早从事基因工程药物研究、开发和生产的高新技术产业。公司拥有发明专利30多项，非专利技术5项。公司先后承担了国家"863计划"、国家科技攻关计划、国家重点"火炬计划"、国家重大新药创制及省级科技攻关项目数十项，自主研发国家级新药十余个，先后荣获包括国家科技进步奖、安徽省重大科技成就奖、安徽省科技进步奖在内的国家和省部级科技大奖多项。

第二十五章　长三角区域生物医药产业发展的对策建议

一、长三角区域生物医药产业存在的主要问题

（一）企业规模偏小，国际竞争力还不够强

虽然长三角区域生物医药产业规模处于全国领先水平，拥有一批处于全国前列的骨干制药企业，但大部分企业规模仍然偏小，年销售额超百亿元的企业数量有限，且主要以药品制造为主，其他如研发、销售、物流、交易、服务等发展严重不足，扬子江药业集团年销售额达 500 亿元以上，列全国医药百强榜排名首位，但仍无法与辉瑞、礼来等年销售 400 亿～500 亿美元的跨国企业竞争。

（二）创新能力尚显不足

长三角区域医药企业普遍 R&D 投入少，平均研发经费占销售收入比重不足 3%，不到发达国家的 1/5，企业创新能力较为缺乏，更缺乏专业化技术创新和专业化服务体系，研发品种多以仿制药为主，低水平重复现象严重，真正研究和组织生产生物医药前沿技术产品的企业太少，缺乏后续发展的动力。

（三）技术转化渠道不畅通

目前，长三角地区技术产权交易市场体系不发达健全，参与生物医药技术

成果转化的中介机构较为缺乏，使生物医药成果的转化推广受到很大影响。很多项目在完成研究后，研发者找不到企业家，而企业家盲目找项目，致使生物医药产业项目在步履维艰中发展，常常中途夭折，无法实现产业化。

（四）产业投融资体系不完善

鉴于生物医药产业高风险、周期长的特点，以及中小型生物医药企业规模小、信用级别低等因素，金融机构为规避风险，往往对生物医药企业融资限制较多，使得企业在研究开发和产业化时都面临后续资金严重缺乏的问题，阻碍企业发展扩大。

二、长三角区域生物医药产业发展的建议

"十三五"是长三角地区生物医药产业发展和实现超越的关键时期，我们要抓住契机，充分发挥优势，使长三角区域成为我国生物医药产业集聚发展的中心。

（一）大力推动新药研发创新

长三角区域拥有大量的从事生物医药教学、研发的高校、科研院所和临床机构，具备明显的科技优势和丰富的研发资源，必须紧密跟踪国外生物医药开发研制的最新动向，紧密围绕市场需求，增强新品研发创新能力和生产技术革新能力，逐步形成处国内国际领先水平的优势技术和优势产品。

（二）大力推动技术成果转化

着力打造技术产权交易市场，建设互联网和线下技术产权交易紧密的成果推介平台，强化技术成果信息集散，结合科技服务和投融资服务等方面的功能，完善技术交易制度，鼓励科技中介服务机构和技术经济人加盟，以市场化为导向，推动高校、科研院所、企业项目对接，促进生物医药科技成果的转移转化。

（三）大力推动企业竞争力提升

近年来，由于 GMP 改造、仿制药一致性评价等国家各种政策原因影响，

一些中小药品生产企业面临着巨大的资金压力，为骨干企业兼并重组、扩大自身规模提供了良好契机。应加大医药行业整合，鼓励具有优势产品和较强实力的医药骨干企业对小企业并购重组，通过并购获得成长，整合产业链，从产品经营阶段跃进资本经营阶段，将企业做大做强。

（四）大力推动技术资本结合

加强科技金融服务，建设完善科技金融体系，引导和带动各类金融资本、创投资金和地方财政共同加大对生物医药企业的投入，尤其是加强对科技型中小生物医药企业的支持。鼓励那些拥有技术创新性强、临床需求量大的新药项目的企业通过上市的方式解决融资问题，加速生物医药研发创新、成果转化、产业化和商品化进程。

（五）大力推动产业集聚发展

各省应加强规划引导，统筹布局，完善对生物医药产业园区的布局设计，鼓励重点园区投资建设一批生物医药公共服务平台、符合 GMP 标准的厂房车间以及相关配套设施，吸引中小型药品生产企业落户，不断提高产业集中度。

（六）大力推动参与国际竞争

充分发挥医药企业自身优势，充分利用外资企业的技术溢出效应，以企业为主体，以国际市场需求为导向，以产业为基础，以科技为动力，努力参与全球竞争与合作，提升研发和生产能力，打响自主品牌，推动产业国际化转型。

（七）大力推进长三角地区科技创新联动发展

加强长三角地区科技创新的联动发展，继续完善长三角科技资源共享服务平台建设，建成包括科学仪器、数据、文献、技术转移交易、试验基地、专业技术、计量检测、自然资源保障八大系统的区域性创新服务平台。发挥上海、江苏等地的高校资源优势，就产业共性问题开展联合攻关，把区域科技创新这块"蛋糕"做大、做强。

科技成果转移转化篇

　　科技成果转移转化是科学技术转变为现实生产力的重要途径，是科学技术研究的后续环节，也是促进科技与经济更加紧密结合的一个重要环节。促进科技成果转移转化是实施创新驱动发展战略的重要任务，也是科技支撑供给侧结构性改革的关键举措。习近平总书记高度重视科技成果转化工作，多次作出重要指示，提出要深入研究和解决经济和产业发展亟须的科技问题，围绕促进转方式调结构、建设现代产业体系、培育战略性新兴产业、发展现代服务业等方面需求，推动科技成果转移转化，推动产业和产品向价值链中高端跃升。李克强总理指出，要加快科技成果转移转化，打通科技与经济结合的通道，尽快形成新的生产力。落实创新发展理念、实施创新驱动发展战略对科技成果转化工作提出更高、更迫切的要求。长三角区域正面临经济转型的关键时期，加快科技成果转化产业化是培育战略性新兴产业、促进经济转型的重要途径，是落实创新驱动发展战略的重要任务。

第二十六章 科技成果转移
转化制度环境

一、《促进科技成果转化法》修订

（一）修订背景

1996 年 5 月 15 日，第八届全国人大常委会第十九次会议审议通过了《中华人民共和国促进科技成果转化法》，自 1996 年 10 月 1 日起施行。促进科技成果转化法的出台，首次从立法上为科技成果转化提供了法律保障。这部法律施行以来，对加速科技成果转化，促进科技成果转化为现实生产力，推动经济社会发展发挥了重要作用。

随着我国经济社会发展和科技体制改革的深入，科技成果转化的环境和形势发生了很大变化，现行促进科技成果转化法的有些内容已难以适应实践需要，主要表现在：一是科技成果供求双方信息交流不够通畅；二是科研机构和科技人员的考核评价体系以及科技成果处置、收益分配机制影响科研机构和科技人员积极性发挥；三是科研的组织、实施与市场需求结合不够紧密，企业在科技成果转化中的主导作用发挥不够；四是科技成果转化服务还比较薄弱，不利于科技成果转化的实施。

促进科技成果转化法的修改工作提上了议事日程。从 2013 年第十二届全国人大常委会将促进科技成果转化法的修改列入常委会五年立法规划中的第一类项目，在经过草案起草和提请审议、全国人大常委会会议初次审议、召开法律草案通过前评估会、全国人大常委会二次审议并表决通过等阶段，2015 年 8 月 29 日十二届全国人大常委会第十六次会议通过了关于修改促进科技成果转化法的决定，自 2015 年 10 月 1 日起施行。

（二）主要亮点

修改后的《促进科技成果转化法》共 52 条，比修改前 37 条约增加了 40%的内容，同时也删除了一些条款，主要集中在涉及政府审批、政府职能方面的内容。主要内容和亮点有以下方面：

（1）充分发挥企业在科技成果转化中的主体作用。一是完善企业参与科研组织、实施的制度，如利用财政资金设立科技项目，制订相关科技规划、计划，编制项目指南时应当听取相关行业、企业的意见；县级以上地方人民政府科学技术行政部门和其他有关部门应当根据职责分工，为企业获取所需的科技成果提供帮助和支持；对利用财政资金设立的具有市场应用前景、产业目标明确的科技项目，政府有关部门、管理机构应当发挥企业在研究开发方向选择、项目实施和成果应用中的主导作用。二是推进产学研合作，鼓励企业与研究开发机构、高校及其他组织采取联合建立研究开发平台、技术转移机构或者技术创新联盟等产学研合作方式，共同开展研究开发、成果应用与推广、标准研究与制定等活动；鼓励研究开发机构、高校与企业及其他组织开展科技人员交流；支持企业与研究开发机构、高校、职业院校及培训机构联合建立学生实习实践培训基地和研究生科研实践工作机构，共同培养专业技术人才和高技能人才。

（2）科技成果信息发布。科技成果供求双方信息交流不够通畅是影响科技成果转化的突出问题。本次修法对原法规定的科技成果信息资料库制度作了修改和完善。修改后的科技成果转化法规定，国家建立、完善科技报告制度和科技成果信息系统，向社会公布科技项目实施情况以及科技成果和相关知识产权信息，提供科技成果信息查询、筛选等公益服务。利用财政资金设立的科技项目的承担者应当按照规定及时提交相关科技报告，并将科技成果和相关知识产权信息汇交到科技成果信息系统。

（3）国家重点支持的科技成果转化项目。科技成果转化需要国家政策和资金支持。修改后的促进科技成果转化法规定了国家支持的科技成果转化项目，与原法相比，变化主要有两点：一是增加了支持的方式。原法只规定了定期发布科技成果目录和重点科技成果转化项目指南两种方式，而新法规定了政府采购、研究开发资助、发布产业技术指导目录、示范推广等方式。这充分表明了国家对科技成果转化项目支持方式的多元化，以满足各类不同类别的科技成果转化的需求。二是增加了国家支持的项目种类。在原法的基础上增加了能够形成促进社会经济健康发展的新产业，能够显著提高国家安全能力和公共安全水平及保护生态、提高应对气候变化和防灾减灾能力，能够改善民生和提高公共健康水平等类型的科技项目。

（4）进一步明确科技成果完成单位的成果转化义务。修改前的促进科技成果转化法规定，国家设立的研究开发机构、高等院校所取得具有实用价值的职务科技成果，本单位未能适时地实施转化的，科技成果完成人和参加人在不变更职务科技成果权属的前提下，可以根据与本单位的协议进行该项科技成果的转化，并享有协议规定的权益。新法规定，科技成果完成人和参加人在职务科技成果完成后，即可根据与单位的协议进行科技成果转化，并享有协议规定的权益，单位应当予以支持。

（5）推动军民科技成果相互转移、转化。修改后的促进科技成果转化法对推动军民科技成果相互转移、转化进一步作了具体规定，国家建立有效的军民科技成果相互转化体系，完善国防科技协同创新体制机制。军品科研生产应当依法优先采用先进适用的民用标准，推动军用、民用技术相互转移、转化。

（6）完善科技人员考核评价体系。在修改过程中，不少科研人员反映，研发机构、高校中重研发、轻转化的现象比较普遍。为解决这一问题，修改后的科技成果转化法规定，研究开发机构、高校的主管部门以及相关行政部门应当建立有利于促进科技成果转化的绩效考核评价体系；国家设立的研究开发机构、高校应当建立符合科技成果转化工作特点的职称评定、岗位管理、考核评价制度，完善收入分配激励约束机制。

（7）科技成果转化服务。为了加强科技成果转化服务，为科技成果转化创造更加良好的环境，在总结实践经验的基础上，新法规定，培育和发展技术市场，鼓励创办科技中介服务机构，为技术交易提供交易场所、信息平台以及信息检索、加工与分析、评估、经纪等服务；支持根据产业和区域发展需要建设公共研究开发平台，为科技成果转化提供技术集成、共性技术研究开发、中间试验和工业性试验、科技成果系统化和工程化开发、技术推广与示范等服务；支持科技企业孵化器、大学科技园等科技企业孵化机构发展，为初创期科技型中小企业提供孵化场地、创业辅导、研究开发与管理咨询等服务。

（8）科技成果转化保障措施。修改后的科技成果转化法增加规定了银行业金融机构和政策性金融机构对科技成果转化的金融支持。新法规定，国家鼓励银行业金融机构在组织形式、管理机制、金融产品和服务等方面进行创新，鼓励开展知识产权质押、股权质押等贷款业务，为科技成果转化提供金融支持。国家鼓励政策性金融机构采取措施，加大对科技成果转化的金融支持。此外，新法还规定了国家鼓励和支持保险机构、资本市场、创业投资机构参与科技成果转化活动。

（9）科技成果处置权、使用权和管理权的下放。修改后的科技成果转化法对事业单位科技成果使用、处置和收益改革予以明确规定，国家设立的研究开发机构、高等院校对其持有的科技成果，可以自主决定转让、许可或者作价投资。国家设立的研究开发机构、高等院校转化科技成果所获得的收入全部留归本单位，在对完成、转化职务科技成果做出重要贡献的人员给予奖励和报酬后，主要用于科学技术研究开发与成果转化等相关工作。

（10）关于提高给予科技人员奖励和报酬的标准。新的促进科技成果转化法进一步提高给予科技人员奖励和报酬的标准。修改后的科技成果转化法规定，科技成果完成单位可以规定或者与科技人员约定奖励和报酬的方式和数额。将奖励和报酬的最低标准，由现行不低于职务科技成果转让或者许可净收入，或者作价投资形成的股份、出资比例的20%提高至50%，并明确国家设立的研究开发机构、高等院校规定或者与科技人员约定的奖励、报酬的方式和数额应当符合上述标准。为保证奖励和报酬落实到位，同时进一步明确了国有企业、事业单位给予科技人员奖励和报酬的支出不受当年本单位工资总额限制。

二、围绕修订法出台的举措

（一）基本概况

《促进科技成果转化法》修订后，2016年2月26日，国务院印发实施

《促进科技成果转化法》若干规定。4 月 21 日，国务院办公厅印发《促进科技成果转移转化行动方案》，形成了从修订法律条款、制定配套细则到部署具体任务的科技成果转移转化工作"三部曲"。一是《科技成果转化法》是从国家法律层面上对 1996 年我国《促进科技成果转化法》进行的修订，以适应新的中国经济发展的阶段和科技工作的新的要求、新的任务。二是国务院针对科技成果转化法的出台，专门制定了一个细则就是实施《促进科技成果转化法》的若干规定，对《科技成果转化法》具体如何做提出了一些明确的规定和要求。三是从行动层面上，明确从中央到地方层面，从各个创新主体，包括企业、高校、科研院所和社会各方面，如何贯彻落实《科技成果转化法》和国务院的若干规定，通过创新创业和科技成果转化，为供给侧结构性改革能够做出科技方面以及科技人员的贡献。

（二）核心内容

《促进科技成果转化法》若干规定提出了三方面明确规定和要求：一是促进研究开发机构、高等院校技术转移。对研究开发机构、高等院校向企业或者其他组织转移科技成果的方式、建立健全技术转移工作体系和机制、科技成果转化收入、价格确定方式、科技成果转化情况年度报告等方面作了明确规定。二是激励科技人员创新创业。对科技人员享有科技成果转化收益分配的权利、到企业等从事科技成果转化活动、担任领导职务的科技人员获得科技成果转化奖励、企业建立健全科技成果转化激励分配机制、决策责任等方面作了明确规定。三是营造科技成果转移转化良好环境。对绩效考评、税收政策、制定符合行业和领域特点的科技成果转化政策、组织领导等方面作了明确规定。

《促进科技成果转移转化行动方案》从 8 个方面、26 项重点任务进行具体任务部署，在重点领域和关键环节提出针对性措施，推动实施一批具体任务，全面推动各地方、各部门、各类创新主体加强科技成果转移转化工作，形成千军万马共同推动科技成果转化的新格局，将已经出台的法律规定"抓实、落地、生根"。其核心内容在于：

（1）激发创新主体科技成果转移转化积极性。加快高校和科研院所科技成果转移转化，培育一批机制灵活、面向市场的国家技术转移机构，探索有效机制与模式。支持企业与高校、科研院所构建产业技术创新联盟、新型研发机构等协同开展成果转化。推动成果转化与创新创业互动融合，调动科技人员转化成果积极性，支持以核心技术为源头的创新创业。

（2）完善科技成果转移转化支撑服务体系。构建线上与线下相结合、专业化、市场化的国家技术交易网络平台，为高校、科研院所提供科技成果挂牌交易与公示，解决成果交易流通与市场化定价问题。鼓励区域性、行业性技术市场发展，完善技术转移机构服务功能。大力培育专业化技术经纪人，将科技成果转移转化领军人才纳入创新创业人才引进培养计划。

（3）开展科技成果信息汇交与发布。围绕新一代信息网络、智能绿色制造等重点产业领域，以国家财政科技计划成果和科技奖励成果为重点，发布一批能够促进产业转型升级、投资规模与产业带动作用大的重大科技成果包，探索市场化的科技成果产业化路径。

（4）发挥地方在推动科技成果转移转化中的重要作用。建设一批国家科技成果转移转化示范区，加大政策、服务、金融等创新力度，探索可复制、可推广的经验与模式。培育具有地方特色的科技成果产业化基地，完善基层承接科技成果转移转化的平台和机制，通过成果转化支撑区域产业转型升级。

（5）强化创新资源深度融合与优化配置。健全多渠道资金投入机制，发挥好国家科技成果转化引导基金等作用，支持地方加大投入力度，创新投贷联动、众筹等科技金融手段拓宽资金市场化供给渠道。推动军民科技成果融合转化应用，培育新的经济增长点。

第二十七章 长三角各地推进科技成果转移转化的重要举措及发展现状

一、江苏省出台的重要举措及现状

（一）重要举措

2016年7月，为全面落实新发展理念，深入实施创新驱动发展战略，加快打通科技成果转移转化通道，推动创新型省份建设和经济提质增效升级，江苏省人民政府办公厅根据《中华人民共和国促进科技成果转化法》、《国务院关于印发实施〈中华人民共和国促进科技成果转化法〉若干规定的通知》、《国务院办公厅关于印发促进科技成果转移转化行动方案的通知》精神，发布《江苏省促进科技成果转移转化行动方案》（苏政办发〔2016〕76号）。

《江苏省促进科技成果转移转化行动方案》（以下简称《方案》）聚焦供给侧结构性改革和"一中心、一基地"建设，着眼充分发挥市场配置资源的决定性作用和更好地发挥政府作用，坚持"市场导向、政府引导、纵横联动、机制创新"的原则，以促进科技与经济紧密结合为主线，完善科技成果转移转化政策环境，强化重点领域和关键环节的系统部署，强化技术、资本、人才、服务等创新资源的深度融合与优化配置，强化科技成果转移转化的协同推进，建立符合科技创新规律和市场经济规律的科技成果转移转化体系，促进科技成果资本化、产业化，形成经济持续稳定增长的新动力，为建设经济强、百姓富、环境美、社会文明程度高的新江苏提供强大支撑。

《方案》就促进科技成果转化，提出五个方面的重点任务。主要包括：产学研协同推进科技成果转移转化；开展科技成果信息发布与汇交；完善科技成果转移转化支撑服务体系；发挥地方在推动科技成果转移转化中的重要作用；强化创新资源深度融合与优化配置。

在产学研协同推进科技成果转移转化方面，《方案》明确做好以下四项工作：

（1）强化企业转移转化科技成果的主体地位。实施创新型企业培育行动计划，支持企业与高校、科研院所联合设立研发机构或技术转移机构，市场导向明确的科技计划项目由企业牵头组织实施。发挥行业骨干企业主导作用，联合上下游企业、高校、科研院所等构建一批产业技术创新战略联盟和知识产权联盟，支持联盟承担重大科技成果转化项目，探索联合攻关、利益共享、知识产权运营的有效机制与模式。围绕"互联网＋"战略，实施企业互联网提升计划，探索企业技术难题竞标等"研发众包"模式，汇聚众智推进企业开放式创新。完善技术成果向企业转移扩散机制，实施重大科技成果转化专项，支持企业引进国内外先进适用技术，提升企业科技成果吸纳和应用能力。

（2）支持高校院所开展科技成果转移转化。发挥高校和科研院所创新源头作用，深入实施江苏高校协同创新计划，支持建设一批国家级、省级和校级协同创新中心。组织高校和科研院所发布科技成果目录，建立面向企业的技术服务网络，推动科技成果与产业、企业需求有效对接。加强高校技术转移体系建设，支持省内高校和科研院所普遍建立技术转移中心，创建国家技术转移机构，统筹科技成果转移转化与知识产权管理，提升市场化运营能力，形成专业化技术转移人才队伍。支持建立中科院科技服务网络江苏中心，推动中科院科技成果在江苏的转移转化。鼓励医疗机构、医学研究单位等构建协同研究网络，依托省临床医学研究中心和省临床中心，加强临床指南和规范制定工作，加快新技术、新产品应用推广。在部分高校和科研院所探索科技成果转移转化的有效机制与模式，推动建立职务科技成果披露与管理制度，实行技术经理人市场化聘用制。

（3）推动新型研发机构成为科技成果转移转化生力军。围绕打通从科学到技术转化的通道，大力支持省产业技术研究院改革发展，在一所两制、合同科研、项目经理、股权激励等方面率先探索、先行先试，建立开放配置创新资源的有效机制，推动重大基础研究成果转移转化。依托创新资源集聚度较高的高新园区，建设一批省级产业技术创新中心，促进产学研协同创新，推动科技成果与资本、技术、需求有效对接，探索符合产业特点的科技成果转化路径。鼓励引导各级政府、企业与省内外高校院所、企业和社会团体以产学研合作形式创办新型研发机构，探索设立国有非企业研发机构，加速科技成果转移转化。

（4）发挥科技社团促进科技成果转移转化的纽带作用。实施科协系统创新驱动助力工程，提升服务科技成果转移转化能力和水平。建立学会联系企业的长效机制，开展科技信息服务，实现科技成果转移转化供给端与需求端的精准对接。

在开展科技成果信息发布与汇交方面，《方案》指出：

（1）要发布转化先进适用科技成果包。围绕新一代信息网络、智能绿色制造、现代农业、现代能源、资源高效利用和生态环保、智慧城市和数字社会、人口健康等重点领域，以需求为导向发布一批符合产业转型升级方向、投资规模与产业带动作用大的科技成果包。发挥财政资金引导作用和科技中介机构成果筛选、市场化评估、融资服务、成果推介等作用，鼓励企业探索新的商业模式和科技成果产业化路径，加快重大科技成果转化应用。建立农村科技成果线上线下交易平台，引导支持农业、医疗卫生、生态建设等社会公益领域科技成果转化应用。

（2）要加强科技成果信息汇交。加快建设科技成果信息系统，向社会公布相关科技成果和知识产权信息，提供科技成果信息查询、筛选等公益服务，完善信息共享机制。建立各地、各有关部门科技成果信息汇交工作机制，推广科技成果在线登记汇交系统，畅通科技成果信息收集渠道。将科技成果管理纳入科技计划项目管理中，开展应用类和基础研究中具有应用前景的科研项目成果信息汇交，明确财政资金设立的应用类科技项目承担单位科技成果转化义务。鼓励非财政资金资助的科技成果进行信息汇交。发布军用技术转民用推广等目录，实施军工技术推广项目，推动军民融合科技成果推广应用。

（3）要强化科技成果数据资源开发利用。围绕传统产业转型升级、新兴产业培育发展需求，鼓励各类机构运用云计算、大数据等新一代信息技术，积极开展科技成果信息增值服务，提供符合用户需求的精准科技成果信息。开展科技成果向技术标准转化试点，推动更多应用类科技成果转化为技术标准。加强科技成果、科技报告、科技文献、知识产权、标准等的信息化关联，在规划制订、计划管理、战略研究等方面充分利用科技成果资源。

在完善科技成果转移转化支撑服务体系方面，《方案》提出以下四点工作举措：

（1）发展技术交易市场。发挥国家技术转移苏南中心等国家级技术转移交易平台的功能作用，组建江苏省科技服务联盟，开展科技服务进园区行动，打造网络化、专业化技术转移服务体系。坚持开放共享的运营理念，建设线上与线下相结合的技术交易网络平台，支持各类服务机构提供信息发布、融资并购等服务，引导高校、科研院所、国有企业的科技成果挂牌交易与公示。加快省技术转移联盟建设，发挥高校技术转移中心平台作用，建立风险共担、利益共享长效机制，推动技术、成果等创新资源向产业集聚，提高技术转移整体效能。建设移动智能的产学研合作信息服务平台，办好中国江苏产学研合作成果展示洽谈会、中国江苏国际产学研合作论坛暨跨国技术转移大会。建设省技术交易中心，发展多层次技术（产权）交易市场，支持中小企业开展技术（产权）交易，形成不同层级、不同领域技术交易有机衔接的良好局面。

（2）建强技术转移机构。完善技术产权交易、知识产权交易等各类平台功能，支持有条件的技术转移机构与天使投资、创业投资等合作建立投资基金，加大对科技成果转化项目的投资力度。实施科技服务业升级计划，组建科技服务业骨干机构培育库，支持研发设计、创业孵化、技术转移、知识产权服务等领域的服务机构规模化发展。建设一批国际技术转移服务中介机构，鼓励与国际知名技术转移机构开展深层次合作。支持技术转移机构探索适应不同用户需求的科技成果评价方法，提升科技成果转移转化成功率。推动行业组织制定技术转移服务标准和规范，建立技术转移服务评价与信用机制。

（3）提升知识产权服务水平。以新材料、物联网、新能源、智能制造、信息技术、生物技术与新医药等新兴产业为重点，开展产业专利导航和专利预警分析，加快提升专利运用能力和成果转移转化水平。开展重大经济科技活动知识产权评议，建立评议报告发布制度，积极推送相关成果，为产业规划、项目决策和政策制定等提供支撑和指引。推进国家知识产权局专利审查协作江苏中心、区域专利信息服务（南京）中心等建设，加快建成一批技术先进、功能完备、服务优质的知识产权公共服务平台，构建融合研发孵化、成果转移转化、知识产权保护等功能的创新生态系统。开展知识产权护航行动，完善海外知识产权信息服务平台，发布与江苏密切相关的主要贸易地、对外投资目的地知识产权制度环境等信息，探索建立知识产权国际纠纷仲裁中心，为江苏省科技成果到海外以及海外科技成果来江苏转移转化提供专业化知识产权服务。大力推进国家级、省级知识产权试点示范园区建设。

（4）壮大科技成果转移转化人才队伍。创建国家级技术转移人才培养基地，建设专业化技术转移人才队伍。推动有条件的高校设立科技成果转化相关课程，鼓励和规范高校、科研院所、企业中符合条件的科技人员从事技术转移工作。动员高校和科研院所科技人员到企业、园区、农村等基层一线，开展技术服务、成果推广等科技成果转移转化活动，打造面向基层的科技成果转移转化人才队伍。培养高素质、复合型技能人才，鼓励高技能人才参与技术转移项目。完善"互联网＋"创新创业人才服务体系，创建若干国家科技领军人才创新驱动中心，建设海外科技人才离岸创新创业基地，为引进海外创新创业资源搭建平台。

为了更好地发挥地方在推动科技成果转移转化中的重要作用，《方案》指出：一是要加强地方科技成果转化工作。健全省、市、县三级科技成果转化工作网络，加强科技管理部门推进科技成果转移转化职能，强化相关部门之间的协同配合，探索适应成果转移转化要求的考核评价机制。实施创新型园区建设行动计划，在科技成果转移转化服务和金融、人才、政策支持等方面，探索形成可复制、可推广的经验与模式，打造科技成果转移转化示范区。加强基层科技管理机构，搭建产学研合作信息服务平台，加快农村科技服务超市建设。适时扩大"科技创新券"资金规模和试点范围，降低中小企业技术创新成本，提高创新效率。二是要建设科技成果产业化基地。瞄准节能环保、新一代信息技术、生物技术、高端装备制造、新材料等新兴产业领域，依托高新技术特色产业基地、产学研产业协同创新基地等，布局建设一批科技成果产业化基地，引导科技成果对接地方特色产业需求转移转化。强化科技成果中试熟化，支持各地围绕特色产业布局建设一批科技公共服务平台，提供从实验研究、中试熟化到生产过程所需的仪器设备、中试生产线等资源，开展研发设计、检验检测、技术标准等服务。推动各类技术开发类科研基地合理布局和功能整合，促进科研基地成果转移转化。

此外，《方案》还对强化创新资源深度融合与优化配置提出了三条路径：

（1）实行多元化资金投入。省财政通过各类科技计划，加大对符合条件技术转移机构、基地和人才的支持力度，重点支持重大科技成果产业化前期攻关和示范应用。设立省科技成果转化引导基金，通过子基金、贷款风险补偿等方式，吸引社会资本投入，支持关系国计民生和产业发展的科技成果转化。建立覆盖全省的科技金融风险补偿资金池，创新天使投资引导资金模式，扩大创业投资管理资金规模，稳步推进"苏科贷"试点，支持科技型中小微企业开展科技成果转化。建设区域性科技金融服务中心，积极争取股权众筹等支持创新的互联网金融试点，支持符合条件的创新创业企业通过发行债券、资产证券化等方式进行融资，探索股权投资与信贷投放相结合的模式，为科技成果转移转化提供组合金融服务。

（2）促进众创空间专业化发展。实施"创业江苏"行动计划，发挥行业领军企业、创业投资机构、社会组织等主力军作用，建设一批以成果转移转化为主要内容、专业服务水平高、辐射带动作用强的众创空间，着力打造在全国有影响力的众创集聚区。开展"苗圃—孵化器—加速器"科技创业孵化链条试点，制定省科技企业孵化器评价指标体系，提升服务科技成果转移转化的专业化水平。支持众创空间引进国际先进的创业孵化理念，整合技术、资本、市场等资源，吸引更多科技人员、海外归国人员等高端人才入驻，重点支持以核心技术为源头的创新创业。建设一批支持农村科技创新创业的"星创天地"，加快农业科技成果转化与产业化。

（3）推动创新资源开放共享。引导高校、科研院所、大型企业、技术转移机构、创业投资机构以及国家级科研平台（基地）等，将科研基础设施、大型科研仪器、科技数据文献、科技成果、创投资金等向创新创业者开放，加快实现50万元以上科研仪器设备全面开放。依托3D打印、大数据等先进技术和手段，支持各类机构为创新创业者提供便捷的创新创业工具。支持高校、企业、孵化机构、投资机构等开设创新创业培训课程，鼓励经验丰富的企业家、天使投资人和专家学者等担任创业导师，建设高素质的创新创业导师队伍。

（二）发展现状

2016 年，江苏省科技创新能力持续增强，区域创新能力连续八年保持全国第一。全社会研究与发展（R&D）活动经费 1985 亿元，占地区生产总值比重为 2.61%，比上年提高 0.04 个百分点。全省从事科技活动人员 118 万人，其中研究与发展（R&D）人员 75 万人。全省科技进步贡献率达 61%，比上年提高 1 个百分点。90% 以上的大中型企业建立了研发机构，省级以上众创空间 384 家。全年授权专利 23.1 万件，其中发明专利 4.1 万件。万人发明专利拥有量 18.5 件。全年共签订各类技术合同 2.9 万项，技术合同成交额达 728 亿元，比上年增长 4.0%。全省企业共申请专利 33.9 万件。全年组织实施省重大科技成果转化专项资金项目 173 项，省资助资金投入 13.5 亿元，新增总投入 108.6 亿元。全省按国家新标准认定高新技术企业累计达 1.2 万家。新认定省级高新技术产品 9816 项，已建国家级高新技术特色产业基地 147 个。

江苏省促进科技成果转化的重要举措可以概括为如下几点：

（1）专项资金促进科技成果产业化。为加速科技成果转化，推进具有自主知识产权的重大科技成果向规模产业转化，江苏省政府于 2004 年设立了科技成果转化专项资金，积极引导和推动具有自主知识产权的重大科技成果向规模产业转化。2016 年，按照国家科技改革有关精神，进一步优化完善了省科技成果转化专项资金的管理，全省科技成果转化专项资金 8.6 亿元，资助项目 173 个。

（2）职务成果挂牌转让，加速政府科研项目转化。为推动政府科技计划项目所形成的职务技术成果加速转化，江苏省科学技术厅制定了《职务技术成果挂牌转让实施细则》（苏科成〔2007〕12 号）。《职务技术成果挂牌转让实施细则》通过政策法规的形式明确了江苏省高校、科研院所实施省及省以下政府科研项目形成的职务技术成果，自项目验收之日起第 1 年内，鼓励和支持项目承担单位实施转化。第 2 年开始，对未实施转化的项目，由下达部门责成项目承担单位将该成果交省内技术产权交易机构挂牌转让。通过筹办技术产权交易市场，助推科技成果转化。2017 年 1 月 22 日，江苏技术产权交易市场试运营，目前已有 18.9 万条信息在线交易。

（3）以产业技术研究院打通科技成果转化通道。江苏省产业技术研究院由创新中心和专业研究所构成。其中，创新中心重点面向省内已有产业优势和创新基础的战略性新兴产业，以地方政府及高新区为主建设，主要开展产业技术创新、创新资源和要素整合、海内外高层次人才创新创业、产业技术扩散和企业孵化、产业创新投融资服务等，努力打造一批区域新兴产业培育发展的核心引擎和策源地。专业研究所则通过创新的体制机制，打造一流的研发平台和一流的研发队伍，以需求为导向进行共性关键技术研发，以产品为目标汇聚创新成果进行二次开发，以企业为对象开展高质量合同科研服务，通过衍生企业、孵化企业和服务企业实现技术成果工业化。通过省产业技术研究院的建设，江苏企业承接技术成果转移转化能力显著增强，技术到产品的通道基本顺畅，以此为着力点，有力地推动了基础研究成果的产业化。

（三）技术交易现状

2016 年，江苏省技术交易活动活跃，全省技术市场共登记技术合同 29507 项，成交金额 729.26 亿元，位居全国各省市第六，较 2015 年增长 5.76 亿元，持续保持增长势头。平均每项技术合同成交额 247.15 万元。技术开发、技术转让、技术咨询、技术服务四类技术合同中，技术开发、技术转让依然保持领先地位，2016 年全省共签订技术开发合同 14425 项，成交金额为 293.38 亿元，占总成交金额的 40.23%；技术转让合同 1305 项，成交金额为 248.02 亿元，占总成交金额的 34.01%；技术咨询合同 342 项，成交金额为 56.87 亿元，占总成交金额的 7.80%；技术服务合同 13435 项，成交金额为 130.99 亿元，占总成交金额的 17.96%。技术合同向本省输出的成交金额为 538.58 亿元，占总成交金额的 73.85%，表明江苏省具有很强的引进吸收再应用的能力。同时，江苏省向国外输送技术成交额居第二位，达到 43.73 亿元，占总成交金额的 6.00%。江苏省向北京、广东、上海、浙江、山东、安徽等地输出的技术成交额紧随其后。

二、浙江省出台的重要举措及现状

（一）重要举措

2015 年 8 月，为认真落实"干在实处永无止境、走在前列要谋新篇"的新要求，进一步加强技术市场体系建设，浙江省人民政府办公厅发布《关于进一步加强技术市场体系建设促进科技成果转化产业化的意见》（浙政办发〔2015〕96号），强调要从区域、国家乃至全球视野谋划省技术市场体系的建设与发展，集聚科技资源、激活创新要素，转化创新成果，打通技术强、产业强到经济强的通道。2016年7月，根据《中共中央国务院关于深化体制机制改革加快实施创新驱动发展战略的若干意见》和实施国家创新驱动发展战略纲要、深化科技体制改革的决策部署，浙江省人民政府办公厅发布《关于补齐科技创新短板的若干意见》（浙政办发〔2016〕75号），指出着力补齐科技创新短板，率先建成创新型省份和科技强省，建设"互联网＋"世界科技创新高地，对科技成果转化提出更高要求。2016年8月，浙江省人民政府发布《关于印发加快推进"一转四创"建设"互联网＋"世界科技创新高地行动计划的通知》（浙政发〔2016〕24号），进一步提出"全面加速科技成果转化，推进全创新链一体化"。2017年3月30日《浙江省促进科技成果转化条例》经浙江省第十二届人民代表大会常务委员会第三十九次会议修订通过并正式发布，自2017年10月1日起施行。

《关于进一步加强技术市场体系建设促进科技成果转化产业化的意见》（以下简称《意见》），以完善浙江技术市场体系为着力点，聚焦全省经济转型升级和产业结构调整，聚焦构建大众创业、万众创新和更具活力的创新生态系统，力图将技术市场打造形成具有全国影响力的科技成果交易中心。

《意见》对浙江技术市场建设提出以下五项重点任务：

（1）全面构建线上线下融合、全省统一的技术市场体系。按照展示、交易、服务、共享、交流"五位一体"的要求，加快建设线上线下融合、功能互补的全省统一的技术市场体系。加快开发基于专有云的浙江网上技术市场平台软件，统一品牌标识、统一数据标准、统一管理制度、统一服务规则、统一对入驻单位的评价，力争今年上线测试、投入运营；学习借鉴阿里巴巴电子商务模式，开发科技成果竞价（拍卖）、在线洽谈、信用评价、在线支付等网上技术市场平台功能，丰富科技成果中介服务方式；加快浙江网上技术市场平台的推广应用，力争3年内覆盖到全省各级技术市场，形成全省统一的网上技术市场平台；通过开发手机APP等形式，运用移动互联网等技术为技术成果交易提供随时随地的精准服务。

（2）加快建设技术市场供需体系。省内高校、科研院所、省级重点企业研究院等科研成果开发主体，以及省重点科技中介服务机构要在网上技术市场平台开设窗口，发布技术成果和难题信息，运用图文、实物影像、多媒体、三维动画等方式全方位展示科技成果，开展洽谈、交易等业务，力争3年内实现全覆盖。推动规模以上工业企业特别是创新型示范企业、创新型试点企业、高新技术企业在网上技术市场平台实名注册，发布技术需求。发动技术中介机构、联合性协会、行业协会（学会）广泛收集技术供需信息，在网上技术市场平台发布。鼓励国内外高校、科研院所、企业入驻浙江省线上线下融合的技术市场。鼓励国内外大院名校、军工单位在浙江省技术市场建设一批柔性孵化平台、技术转移工作站、技术转移中心、军转民技术转移中心。

（3）着力完善技术成果交易服务体系。技术市场运营主体要运用大数据、云计算等新一代信息技术，为在线展示、在线洽谈、在线交易、信用评价等提供数据分析和技术保障；依托各级学会组织，广泛收集国内外各类专家信息，建设细分领域的专家数据库；主动深入企业，收集真实、准确的技术需求，建立企业创新档案，为企业提供精准的专家、技术、专利等信息和对接服务。依托技术市场，按照企业化、市场化、专业化、国际化的要求，瞄准全省主导产业，重点培育一批专业化水平高、服务能力强、社会影响大的行业性、专业性的龙头骨干技术中介服务机构，培养一批以提高信息增值、技术增值、服务增值能力为目标的技术经纪人，为技术供需双方提供技术成果交易、咨询评估、科技金融、研发设计、知识产权等技术中介服务。坚持开放合作，通过整体引进、设分机构、联合共建等多种形式与国内外知名技术中介服务机构开展合作，提升技术市场的市场化和国际化水平。

（4）深入完善技术成果交易保障体系。省科技部门要会同有关部门按照市场有序、公平诚信、服务规范、监管有力的要求，建立健全科技成果交易规则体系，促进技术成果交易各方依法、规范交易；开展科技成果标准化评价试点；支持和促进技术中介服务机构、技术经纪人依法开展业务，遵守职业道德、加强自律。各类技术市场运营主体要落实信息管理责任，保障信息的真实、有效、安全、可追溯；建立市场主体信用评价体系，加强统计分析。各级科技、工商、税务、知识产权、商务、司法、新闻出版等部门要建立日常监管与专项执法结合、单项执法与综合执法结合、行政执法与刑事司法结合的联动机制，重点打击技术成果交易中的非法垄断、虚假信息、侵犯产权、非法合同等不法行为，切实加强知识产权保护，保障技术成果交易各方的合法权益。技术成果交易当事人应当依照《中华人民共和国合同法》的规定订立技术合同，技术合同经认定登记后，当事人享受国家和浙江省的相关优惠政策。

（5）大力推进技术转化市场化模式创新。根据技术供需实际和交易特点，充分运用技术市场对接、交流、展示、洽谈等多种服务功能，开展线下定期与线上实时相结合、综合性与专业性相结合、竞价（拍卖）与其他交易方式相结合的技术成果交易活动。省科技部门要依托省级综合市场每年组织春秋两季科技成果竞价（拍卖）活动；各设区市要按照《浙江省人民政府办公厅关于印发培育技术市场和促进技术成果交易专项行动五年计划（2013～2017年）的通知》（浙政办发〔2013〕147号）要求，积极组织科技成果竞价（拍卖）活动；省教育厅要会同省级有关部门积极组织省内规模较大的高校、科研院所每年各举办2场以上，其他高校、科研院所每年各举办1场以上科技成果竞价（拍卖）活动。同时，要依托网上技术市场平台，组织开展行业性、区域性科技成果竞价（拍卖）活动，实现科技成果竞价（拍卖）活动的常态化。鼓励国内外高校、科研院所、技术中介服务机构依托浙江省技术市场平台开展线上线下的竞价（拍卖）活动。

《关于补齐科技创新短板的若干意见》（以下简称《补短板》）从激活企业创新主体、推动重大创新项目、打通科技成果转化通道、激发人才创新潜能、优化创新生态等方面作出部署，要求率先建成创新型省份和科技强省，建设"互联网＋"世界科技创新高地。其中，对于促进科技成果转化，《补短板》着重"针对科技成果不能转化、不想转化、不会转化、不敢转化的突出问题，在成果转化的'需求端、供给端、平台端、服务端、环境端'同步发力，打通科技成果向现实生产力转化的通道。"

首先，从增加科技成果供给和激活转化服务机构两条途径入手，《补短板》提出，要建设全国一流科技成果交易中心。完善汇集海内外创新成果来浙交易机制，鼓励国内外高校、科研院所、军工单位、企业前来投标。对省重点技术中介服务机构按交易业绩给予每年最高50万元经费奖励。对认定为高新技术企业的科技服务企业，减按15%税率征收企业所得税。

其次，进一步为科技成果转化松绑放权，《补短板》指出，要加大科技成果转化激励。高校、科研院所科技成果在国内的使用和处置，不再审批或备案，所获的收益全部留归单位，单位可自行决定分配，对核心团队或人员的奖励可不纳入单位绩效工资总额。《补短板》还提出，强化金融对创新的支持，设立 20 亿元科技成果转化引导基金，并首次明确提出建立风险分担机制，支持银行业金融机构开展科创企业投贷联动试点；建立"政府推动＋市场运作"的保险发展模式等。

《关于印发加快推进"一转四创"建设"互联网＋"世界科技创新高地行动计划的通知》（以下简称《通知》）专门将科技成果转化作为第一工程进行了重点部署，明确要求"全面加速科技成果转化，推进全创新链一体化"。

（1）大力培育科技企业。以"互联网＋"为主攻方向，深入实施科技企业"双倍增"计划。大力培育发展高新技术企业，开展"百企创强"行动，力争打造龙头骨干高新技术企业 100 家以上。培养与引进一批移动互联网、数字内容等领域的具有全球影响力的知名企业，形成一批创新型领军企业；完善创业服务机制，激发传统产业和新兴产业中小企业创新活力，推动量大面广的中小企业向新技术、新产业、新模式、新业态转型，发展成为科技型中小企业。构建科技企业微成长、小升高、高壮大的梯次培育机制，孵化"互联网＋"高新技术企业 3000 家。鼓励企业以自主创新成果为基础，参与国际标准、国家标准、行业标准和团体标准制修订工作。完善创新券政策，推进科研资源开放共享。

（2）建设一流高等学校和科研院所。支持浙江大学建设世界一流研究型大学，与世界著名高等学校合作办学或设立合作研究机构，参与国际大科学计划和大科学工程建设。支持省重点建设高校发展，推进其他省属高等学校提升水平，力争一批学科进入世界一流学科前列。推进科研院所分类改革，开展试点，形成一批在全国有特色、高水平的科研院所。优化实验室布局，建立梯度培育机制，新建省级重点实验室、工程技术研究中心 50 家，择优重点培育若干高水平实验室，建设以国家实验室为引领的科技创新基地。细化科研型、教学型、教学科研型、社会服务推广型四类职称评聘标准，建立科学、合理的评价标准及评价方法。

（3）深入推进科技大市场建设。深入实施科技大市场建设"131"工程，充分发挥展示、交易、共享、服务、交流"五位一体"的功能，加快线上线下融合发展，完善双向互动的技术供需体系、技术交易服务体系和技术交易保障体系，形成科技成果竞价拍卖等多种方式的技术交易模式，加快建设全国一流的科技大市场。推进线上线下相结合的市县、高新园区、科技城分市场建设。依托科技大市场，建设知识产权交易中心。

（4）建立高效便捷的创业服务体系。面向创业需求，开发一批大数据公共服务产品，运用大数据提供精准服务。整合优质公共服务资源，形成基于大数据的公共服务平台，提供研发设计、技术产业化、人力资源、市场推广等服务。培育集聚一批技术交易、咨询评估、科技金融、研发设计、检验检测、知识产权等重点科技中介服务机构。鼓励条件成熟的金融机构设立科技金融专营事业部或专营支行，加大科技信贷投入。大力推动专利质押融资业务。扩大政府性创业引导基金规模，鼓励发展天使投资、种子投资、创业投资等各类风险投资，探索设立创投改革试验区，充分发挥省股权交易中心的作用。培育创投基金小镇。设立省科技成果转化引导基金，引导市县设立创业引导基金、政府产业基金，吸引社会资本、风险投资进入科技创新领域，支持银行业金融机构开展科创企业投贷联动试点。开展科技保险产品创新。创建国家知识产权投融资综合试验区，逐步开展知识产权证券化交易试点、专利保险试点。到2020年，科技创新创业投资机构达到300家以上，管理资金达到3000亿元以上。2016年，制定省科技成果转化引导基金管理暂行办法，全面启动基金运作；出台鼓励创业风险投资发展的政策，培育壮大创业投资。

2017年3月30日，《浙江省促进科技成果转化条例》（以下简称《条例》）经浙江省第十二届人民代表大会常务委员会第三十九次会议修订通过并正式发布，《条例》自2017年10月1日起施行。《条例》共六章48条，主要内容包括总则、组织实施、保障措施、技术权益、法律责任、附则。《条例》在突出政府引导功能、强化企业主体作用、加强服务体系建设等方面均提出了新的规定，并且把创新券制度、成果转化引导基金、科技特派员等具有浙江特色的政策措施上升为法规条文，可谓亮点颇多。

（1）科技成果转移转化重要贡献人奖励不低于70%。《条例》高度重视科技人员在成果转化中的作用，赋予科技人员在一定条件下自主实施职务成果的权利；强化对科技人员的奖励与激励措施，提高并保障科技人员在成果转化净收入中的分配比例。《条例》明确规定，政府设立的研究开发机构、高等院校依法对完成、转化职务科技成果做出重要贡献的人员奖励不低于70%。明确研发科技成果所用财政性资助资金不列入成本。

为确保奖励的落实兑现，《条例》规定：国有企业事业单位依照本条例规定对完成、转化职务科技成果做出重要贡献的人员给予奖励的支出不受本单位绩效工资总额限制。科技成果完成单位未与相关人员约定奖励期限的，应当在取得科技成果转化收入之日起六个月内进行奖励；以作价投资方式转化科技成果的，应当在股权登记或者变更时完成股权奖励。

同时，赋予成果完成人一定条件下的自行实施权。《条例》规定，政府设立的研究开发机构、高等院校持有的科技成果，在不变更权属的前提下，科技成果完成人可以根据与本单位的协议实施该项科技成果。单位对科技成果完成人实施科技成果转化活动应当予以支持。另外，政府设立的研究开发机构、高等院校对其持有的科技成果的转化，未与科技成果完成人签订实施协议，且在专利授权后或者其他科技成果登记备案后超过一年未组织实施、转让或者作价投资的，科技成果完成人可以自行实施或者与他人合作实施该项科技成果，所得收益归科技成果完成人所有。

（2）下放科技成果转化处置权。为了让科技成果处置更便捷，《条例》规定：政府设立的研究开发机构、高等院校对其持有的科技成果，可以自主决定转让、许可或者作价投资，除涉及国家秘密、国家安全外，不需报相关主管部门审批或者备案。政府设立的研究开发机构、高等院校取得的科技成果转化收益留归单位，不上缴国库。此外，《条例》还支持开展职务科技成果所有权改革，首次在地方立法中明确了职务科技成果权属奖励制度，规定政府设立的研究开发机构、高等学校可以在科技成果转化过程中，奖励给职务科技成果完成人一定比例的科技成果权属份额。

（3）将创新券制度、引导基金等有效政策措施上升为法规条文。科技创新券制度是浙江省科技经费管理制度改革的重要成果，已经得到上级有关部门的认可，且已经在全国推广。《条例》对创新券制度作出了细化规定：科学技术行政部门可以向企业和创业者发放科技创新券或者采取直接补助等方式，支持科技创新和科技成果转化。

科技创新券用于购买科技成果和检验检测、研究开发设计、中间试验等服务。科技创新券可以在全省范围内使用，每半年至少结算一次，各地不得设置限制条件。省科学技术行政部门应当会同省财政部门建立统一的科技创新券使用平台，定期公布可以使用科技创新券结算的研究开发机构、高等院校和其他企业事业单位名录，简化科技创新券使用程序，提高使用效率。科技创新券的具体管理办法由省科学技术行政部门会同省财政部门制定。

同时将成果转化引导基金、科技特派员制度写入《条例》，《条例》规定省人民政府设立省级科技成果转化引导基金，主要用于引导社会力量和各级人民政府加大科技成果转化投入；规定科技特派员在选派服务期间，保留工资待遇，对业绩突出的可以予以表彰奖励。

（4）强调高校院所的成果转化导向。2016 年 7 月，浙江出台的《人才新政》就将专利创造、标准制定及成果转化作为职称评审的重要依据，并提出职称评审的"两个同等对待"，即发明专利转化应用情况与论文指标要求同等对待、横向课题与纵向课题指标同等对待。此次《条例》再次强调，研究开发机构、高等学校应当向其主管部门提交科技成果转化情况年度报告，并将科技成果转化情况评价结果作为行政部门考核其工作绩效以及确定科研申报项目和给予经费支持的重要依据；规定科技成果转化情况应当作为对完成、转化职务科技成果做出重要贡献的人员专业技术职称评定、职务聘任和考核评价的重要依据；对贡献突出的，可以破格评定、聘任。

（二）发展现状

2016 年，浙江省紧紧围绕科技成果产业化、市场化、资本化，不断完善科技成果转化市场机制，积极探索"互联网＋科技成果转化"的有效模式，通过成果应用体现创新力量，通过成果转化彰显创新价值，着力破解科技成果向现实生产力转化不力、不顺、不畅的痼疾，畅通科技成果向现实生产力转化的通道。全年全社会研究和发展（R&D）经费支出 1130 亿元，相当于地区生产总值的比例为 2.43%，比上年提高 0.07 个百分点。全年专利申请量 39.3 万件，比上年增长 27.6%；授权量 22.1 万件，下降 5.8%，其中发明专利授权量 2.7 万件，增长 13.8%。11 月 24 日，浙江建设国家科技成果转移转化示范区获科技部批复同意，成为全国首个获批的"全省域"国家科技成果转移转化示范区。

浙江省促进科技成果转化的主要做法可以概括为以下几点：

（1）构建线上线下融合的技术市场体系。2002 年在全国率先建立浙江网上技术市场，加快建设"展示、交易、交流、合作、共享"五位一体的科技大市场，打造成为"技术淘宝网"。2016 年，技术市场累计发布技术成果 19.2 万项、技术需求 8.4 万项，达成合同 4 万份，合同金额 421.8 亿元。8 月 5 日，浙江省知识产权交易中心正式挂牌，首批 174 项专利技术通过协议定价方式成功实现转化。

（2）科技成果实现常态化竞拍。2016 年，全省各地开展科技成果竞拍活动 10 场，竞拍成果 309 项，成交额 4.97 亿元。其中省级举办的春季、秋季 2 场竞拍活动，共竞拍成果 273 项，成交额 4.2 亿元。面向全国举办 2 场企业技术难题"张榜招贤"，成交 17 项，总价 4600 万元，折价率 27%。成功举办第十届中国产学研合作创新大会暨 2016 年浙江网上技术市场活动周，达成交易项目 262 项，成交金额 19.9 亿元。

（3）推广应用创新券。以创新券为载体，积极开展"公众创业创新服务行动"，促进科技资源开放共享，推动大众创业、万众创新。截至 2017 年 3 月 27 日，全省累计发放创新券 7.13 亿元，使用创新券 3.91 亿元，兑现创新券 2.43 亿元。全省共有 1248 家载体为 9962 家企业和个人提供服务 32180 次。

（三）技术交易现状

2016 年，浙江省共登记技术合同 14826 项，成交金额 201.8 亿元，较 2015 年增长 102.5 亿元，增长势头强劲。平均每项技术合同成交额 136.11 万元。技术开发、技术转让、技术咨询、技术服务四类技术合同中，以技术开发合同为主，共签订技术开发合同 8191 项，成交金额为 134.92 亿元，占总成交金额的 66.86%；技术转让合同 548 项，成交金额为 28.90 亿元，占总成交金额的 14.32%；技术咨询合同 1251 项，成交金额为 4.38 亿元，占总成交金额的 2.17%；技术服务合同 4836 项，成交金额为 33.60 亿元，占总成交金额的 16.65%。技术合同向本省输出的成交金额为 124.55 亿元，占总成交额的 61.72%。浙江省技术输出的辐射范围以本省为主，向广东、北京、江苏、上海、四川、山东等地输出的技术成交额较高。

三、上海市出台的重要举措及现状

（一）重要举措

2015 年，为贯彻《中华人民共和国促进科技成果转化法》、《中共中央国务院关于深化体制机制改革加快实施创新驱动发展战略的若干意见》和《中共上海市委上海市人民政府关于加快建设具有全球影响力的科技创新中心的意见》，激发创新活力和创造潜能，上海市人民政府办公厅出台《关于进一步促进科技成果转移转化的实施意见》（沪府办发〔2015〕46 号），上海市财政局、上海市教育委员会、上海市科学技术委员会、上海市人力资源和社会保障局等单位联合，出台《关于改革和完善本市高等院校、科研院所职务科技成果管理制度的若干意见》（沪财教〔2015〕87 号）。

《关于进一步促进科技成果转移转化的实施意见》（以下简称《实施意见》），共 19 条，主要包括落实成果转移转化主体权利义务、加大人才激励力度，完善科技成果转化链和科技中介服务体系，改进政府投入支持方式，促进科研人才双向流动、培养引进成果转移转化人才，成果转化收益合法性保障五个方面。主要侧重于科技成果处置权改革、转化平台和科技中介服务体系建设、共性技术研发与服务、企业转化主体、科研人员创业等环节和领域。

《实施意见》第 1~6 条对落实成果转移转化主体的权利义务、加大人才激励力度进行了阐述，在明确成果转化的权益与激励约束机制方面取得了重要突破，主要包括以下四个方面：

（1）进一步下放科技成果转化自主权。将科研成果使用、处置和收益权下放给高校、科研院所。在此基础上，进一步下放到团队，规定高校、科研院所可授予研发团队科研成果使用和处置权，与团队协商成果"底价"（最低可成交价格），签订授权协议。实行"投资损失"免责政策，消除单位和科研人员的后顾之忧。明确项目单位的转化职责，由地方财政资金支持形成的科技成果，除基础研究外，项目的主管部门应明确项目承担单位的成果转化责任和期限，转化情况纳入科技项目验收及后评估的指标体系。

（2）建立科技成果市场化定价机制。允许研发团队可通过协议定价、技术市场挂牌交易、拍卖等市场化方式确定科技成果价格。其中，对国有技术类无形资产交易制度的改革，国资委已另行出台了专门的政策文件。

（3）加大科研人员和团队分配力度。重视对团队的激励，将单位直接奖励个人改为奖励团队，再由团队协商确定个人具体比例。明确管理要素和技术要素一同参与分配，即对于科技成果转化，不仅奖励研发人员，同时奖励管理人才。适当提高对科研人员奖励尺度，允许将不低于70%的转化收益归属团队，调动团队的积极性。在股权激励方面，针对高等院校和科研院所以科技成果作价入股的企业，提高股权奖励的比重，用于股权奖励的部分提升至可超过50%，用于股权奖励的激励额可超过近3年（不满3年的计算已有年限）税后利润形成的净资产增值额的17.5%。

（4）确立高校院所科技成果转移转化的法定责任。高校院所应当设立专门的技术转移工作机构，围绕产业需求开展科技研发，健全科技成果转移转化工作机制，强化科技成果转移转化的目标导向和支持中小企业技术创新的社会责任。在科技成果转移转化活动中有弄虚作假等失信行为，相应单位和人员信息将计入本市公共信用信息服务平台。

《实施意见》第7~9条对完善科技中介服务体系提出了具体的举措，重点包括以下三个方面：

（1）完善科技成果转化链。依托应用开发类科研院所建设科技成果转化的小试、中间试验、工业性试验和工程化开发平台；优化全市各类实验室、工程（技术）研究中心的布局，按功能定位分类整合；加大国家及本市重大科研基础设施、大型科研仪器和专利基础信息资源等向社会开放力度。

（2）大力发展技术市场。充分发挥国家技术转移东部中心、上交会等国家级技术转移交易平台的功能作用，支持各类科技成果转移转化中介服务机构发展。实施科技成果转移转化紧缺人才培养计划。

（3）发展新型研发机构。支持跨国公司在沪设立外资研发中心，支持本土跨国企业在沪设立全球研发中心、实验室、企业技术研究院等新型研发机构，探索设立国有非企业研发机构，建立政府购买服务、后补助、奖励等财政投入与竞争性项目资助相协调的财政资金支持机制。

《实施意见》第10~13条对改进政府投入支持方式方面进行了阐述，主要做法如下：

（1）强化企业转化主体。运用财政后补助、间接投入等方式，支持企业通过自主研发、受让、许可、作价入股、产学研合作等方式实施科技成果转化。

（2）大力发展科技金融。鼓励商业银行开发科技成果转化信用贷款产品，开展知识产权质押贷款，股权质押等贷款业务，市财政对符合条件的科技型中小企业贷款给予风险补偿。引导创业投资等社会资本投资科技成果转化。对创业投资机构投资种子期、初创期科技企业而发生投资损失的，在投资损失确认后，可按损失额的一定比例给予风险救助。

（3）支持保险机构开发符合科技成果转化特点的保险品种。

（4）实施公共技术采购政策。通过政府首购、订购和取得专利技术的创新产品单一来源采购等政策，采购创新产品和服务，支持科技成果转化。鼓励通过科技成果转化形成首台（套）重大装备，对实现首台（套）业绩突破的科技成果转化产品，可享受首台（套）相关政策支持。

《实施意见》第14～16条专门就加强成果转化人才培养、促进科研人才双向流动方面提出了改革措施，主要包括：

（1）鼓励高等院校、科研院所科研人员通过在岗或离岗创业、兼职等方式实施科技成果转化。对高等院校、科研院所离岗创业实施科技成果转化的科研人员，可在3～5年内保留人事关系，保留原聘专业技术职务，工龄连续计算，与原单位其他在岗人员同等享有参加职称评聘、岗位等级晋升和社会保险等权利。担任六级以上管理岗位的工作人员，可在辞去领导职务后以科研人员身份离岗创业，实施科技成果转化。

（2）改进职称评聘制度。引导高等院校、科研院所畅通创新创业科研人员职称申报、评审渠道，将科技成果转移转化、服务中小企业技术创新的绩效列入高等院校、科研院所应用研究类专业技术职称的评价体系。

（3）加大人才引进力度。科技成果转化项目单位引进的科技和技能人才或专业从事科技成果转移转化的中介服务人才，依照本市有关规定，可以直接申办本市户籍。对于尚未达到直接入户条件的，按照本市有关规定，优先办理《上海市居住证》和居住证转办户籍。

《实施意见》第17～19条对强化成果转化收益合法性保障进行了阐述，指出要充分借鉴兄弟省市经验，加大与司法执法部门的协同，对涉及科研人员成果转化相关案件形成工作协作机制。明确界定研发团队合法收益行为与贪污、私分等不法行为的执法标准，维护科技成果转化合法权益，从而保障政策的有效实施。

《关于改革和完善本市高等院校、科研院所职务科技成果管理制度的若干意见》（以下简称《若干意见》）是在原《关于改革和完善本市高等院校、科研院所职务科技成果管理制度的若干意见》（沪财教〔2014〕31 号）基础上进行的修订与完善，明确了《若干意见》适用于上海市市属高等院校、科研院所，同时也鼓励部属高等院校、中央在沪科研院所参照执行。

《若干意见》指出，上海市市属高等院校、科研院所要在以下八个方面对内部科技成果转化制度进行完善，具体包括：

（1）建立符合科技成果转化规律的科技成果使用、处置管理制度，进一步扩大单位自主权。本市高等院校、科研院所可自主决定采用科技成果转让、许可、作价入股等方式开展科技成果转移转化活动，涉及的科技成果使用和处置，行政主管部门和财政部门不再审批，也不再备案。涉及国家安全、国家利益和重大社会公共利益的科技成果，以及科技成果向境外实施转化，依照法律法规规定管理和实施。

（2）完善科技成果转化"利益共享"分配机制，进一步提高单位和科研人员的积极性。对本市高等院校、科研院所科技成果转化所获得的收益，全部留归单位，纳入单位预算，实行统一管理，不再上缴国库。科技成果转化收益应当首先用于对科技成果完成人、为科技成果转化做出重要贡献的人员或团队进行奖励，其余部分统筹用于科研、知识产权管理及相关技术转移工作。本市高等院校、科研院所可按照下列标准对完成、转化职务科技成果做出重要贡献的人员或团队给予奖励和报酬：将职务科技成果转让、许可给他人实施的，从该项科技成果转让净收入或者许可净收入中提取不低于70%的比例；将该项职务科技成果自行实施或者与他人合作实施的，在实施转化成功投产后，从开始盈利的年度起连续五年，每年从实施该项科技成果所获得净收益中提取不低于70%的比例。转化收益用于人员激励的部分纳入单位收入分配管理，但不列入单位当年度绩效工资总量。

（3）实施科技成果转化"投资损失"免责政策，消除单位和科研人员后顾之忧。积极营造"诚实守信、鼓励创新、宽容失败"的宽松氛围，本市高等院校、科研院所采取对外投资方式转化科技成果，经审计确认发生投资亏损的、由其行政主管部门审定已经履行了勤勉尽责义务的，不纳入高等院校、科研院所对外投资保值增值考核范围。

（4）创新科技成果转化支持方式，营造有利于科技成果转化的外部环境。充分发挥政府公共研发服务平台、产业技术研究院、张江产业研究院、高校技术市场等专业机构的服务与技术支撑作用，政府财政资金支持与其为高等院校、科研机构科技成果转化服务工作量挂钩；完善以市场为主导的项目发现机制，推进实施以科技成果转化为主要考核指标的"后补助"机制；逐步建立符合科技成果转化规律的市场定价机制，单位可以通过协议定价、技术市场挂牌交易、拍卖等方式确定成果交易、作价入股的价格。实行协议定价的，应当在本单位公示成果名称、拟交易价格，在此基础上，确定最终成交价格。

（5）改进和完善科研管理和评价方式，项目主管部门应分类建立科研项目立项和验收评价体系，将市场技术创新需求、科技成果转化、知识产权创造运用、经济社会贡献等作为应用类科研项目立项、资金支持、验收、绩效考评的重要内容和依据。同时，高等院校、科研院所应建立相应的科技研发和科研人员多元评价体系。

（6）加大对高等院校、科研院所科技成果转化中间环节的支持力度。引入市场机制，采取政府购买服务方式，鼓励各类企业、社会研发机构、科技中介服务机构积极参与，为高等院校、科研院所科技成果转化提供再研究、再开发和系统集成等服务；完善科技中介服务机构扶持政策，培育科技成果转化的专业化队伍，探索建立科技成果转化的人才激励机制。

（7）建立科技成果转移转化报告制度，高等院校、科研院所应当定期将获得的科技成果情况、评估情况、科技成果转移转化情况、收益及分配情况等，报送行政主管部门、财政部门。科技行政主管部门应会同有关部门建立财政性资金资助产生的应用类科技成果信息库，与成果应用推广的主管部门共同建立科技成果推广应用的信息共享机制。

（8）行政主管部门应当指导高等院校、科研院所加强科技成果管理，建立并完善科技成果转化管理办法，公开、透明地开展科技成果转化工作。高等院校、科研院所应当建立健全科技成果转化的工作体系和管理机制，明确内部科技成果管理部门、转移转化机构、资产管理部门和成果完成人的各自职责，建立符合科技成果转化特点的岗位管理、考核评价和公开奖励制度，优化内部管理流程和决策机制；鼓励高等院校、科研院所的科技人员到科技企业兼职或离岗从事技术开发或科技成果转化工作；高等院校可保留3%的编制额度，专门用于支持教师流动；主动对接企业创新需求，有条件的高等院校、科研院所建立技术转移中心，提供多层次科研服务，加强技术转移专业复合型人才培训，提升自身创新服务能力。

2016年11月，上海市第十四届人大常委会第三十三次会议对《上海市促进科技成果转化条例（草案）》（以下简称《条例（草案）》）进行一审，正式启动立法保障科技成果转化，进一步为科技成果转化"松绑"，解决"产权之惑"。

《条例（草案）》开宗明义，对科技成果完成单位在转化方面的自主权作了规定，指出科技成果完成单位对其持有的科技成果，可以自主决定实施转化。除涉及国家秘密、国家安全外，不需行政机关审批或者备案。同时，科技成果完成单位可以规定或者与科技人员约定奖励和报酬的方案并自主实施。

对于科技成果完成人，《条例（草案）》规定完成人具备三项基本权利两项基本义务，即成果转化知情权；按照与单位的协议实施转化的权利；依照规定和约定获得奖励、报酬的权利，以及科技成果信息报告义务和对成果转化的配合义务。

根据目前科研的组织、实施与市场需求存在脱节，现有科技成果与企业需求差距较大，企业在科技成果转化中的主导作用没有得到有效发挥，导致成果转化率低等问题，《条例（草案）》更加注重引导发挥企业的主体作用，并作出如下规定：一是支持企业加大成果转化经费投入。对符合条件的企业，可以享受研发费用税前加计扣除等税收优惠；国有企业对科技成果转化的经费投入，在业绩考核中视同于利润。二是为企业开展成果转化提供融资、保险支持。采用风险补偿、保费补贴等措施，鼓励银行、保险公司为科技成果转化提供融资和保险服务。三是引导企业与高校院所开展产学研合作和人才交流。支持企业与高校院所等联合建立研究开发平台，共同开展研发、推广等活动；要求高校院所与企业共享大型科学仪器设施等科技资源；开展科技人员双向流动，允许高校院所科技人员通过离岗创业、在岗创业、到企业兼职等方式，从事成果转化。

《条例（草案）》指出，要充分发挥转化专业服务机构和平台作用，解决科技成果从实验室走向市场的"最后一公里"问题。鼓励设立各类科技成果转化专业服务机构，通过培育专业服务机构，提供科技成果信息服务、交易代理、价值评估等各类服务。发挥各类成果转化服务平台和机构的作用。建立和完善科技成果转化公共服务平台，提供技术、人才、资金等信息资源和服务；支持重点实验室等研究开发平台和机构提供共性技术研发、中间试验、工程化开发等服务，形成符合市场需求的科技成果。

《条例（草案）》还为成果相关责任人约定了勤勉尽责制度保护。要求高校院所、国有企业建立本单位科技成果转化工作的规章制度，对相关的民主决策程序、合理注意义务、监督管理职责等内容予以明确。明确相关负责人依据法律法规和本单位规章制度开展转化工作，即视为履行勤勉尽责义务，不因科技成果转化后续价值变化而产生决策责任。同时，也为成果完成人约定转化收益分配制度保护。明确约定优先原则，科技成果完成单位应当按照规定或者约定，在成果转化后给予相关人员奖励和报酬；在没有规定或者约定的情况下，按照《转化法》的规定执行。对高校院所进行约定或者规定的标准作出指引，即可以从转让、许可净收入，作价投资形成的股份或出资比例，或者该项科技成果产生的净收益中提取不低于 70% 的比例，作为奖励和报酬。明确高校院所转化"净收入"的计算方法。采用"净收入＝收入－转化过程中的直接成本"的做法，将收入扣除实施转化时直接发生的费用，如成果维持费、中介费、评估费等，不计算前期研发投入成本。

（二）发展现状

2016 年，上海市加快深化体制机制改革，持续推进政府管理创新，通过市场、社会与政府共同发力，着力构建以扶持科技型中小企业发展为主体，创新创业服务与科技成果转移转化服务"双轮驱动"的科技创新服务体系，科技成果产出与成果转化取得重要进展。2016 年，上海市全年用于研究与试验发展（R&D）经费支出 1030 亿元，相当于上海市生产总值的比例为 3.80%。全年受理专利申请 119937 件，比上年增长 19.9%，其中，受理发明专利申请54339 件，增长 15.7%。全年专利授权量为 64230 件，增长 5.9%，其中，发明专利授权量为 20086 件，增长 14.1%。全年 PCT 国际专利受理量为 1560 件，比上年增长 47.2%。全市科技小巨人企业和小巨人培育企业共 1638 家，高新技术企业 6938 家，技术先进型服务企业 272 家。年内全市新认定高新技术企业 2306 家。年内认定高新技术成果转化项目 469 项，其中电子信息、生物医药、新材料等重点领域项目占 87.4%。全年共认定高新技术成果转化项目 10969 项。

上海市促进科技成果转化的主要做法可以归结为以下几点：

（1）构建覆盖中小企业成长的全链条服务体系。通过创业苗圃计划、创新资金改革、科技小巨人工程等为中小企业提供全链条服务，加速培育科技型中小企业。2016 年累计支持初创期或小微企业 1.3 万家，1657 项小微企业获扶持，同比增长 20%。新增科技小巨人 211 家，累计达到 1638 家。

（2）发展三类众创空间，加快科技成果孵化。2016 年全市众创空间已达 500 余家，形成了创业苗圃→孵化器→加速器接力的系统创业承载体系，全市在孵企业达到 1.2 万余家。2016 年 6 月，中国创新创业大赛（上海赛区）启动，6921 家小微企业和创业团队参赛，是 2015 年的 2.3 倍，占全国总数的 1/4。

（3）科技服务业发展迅速。2015 年，上海科技服务业产业规模 8578.79 亿元，占服务业总产出的比重为 17.5%，占 GDP 的比重为 12.2%。涌现出了一批在国内具有影响力的科技服务机构，泰坦科技、药明康德已成为上海科技服务领军企业，苏河汇和莘泽成为"新三板"上市的首家和第二家众创空间。一批跨国公司高端人才溢出，积极创办技术转移服务机构，将发达国家科技服务理念和模式本土化，为上海经济发展带来新的增长点。2016 年，上海创新中心（伦敦）、上海技术交易所伦敦分中心揭牌，未来将以科控伦敦孵化器为载体，加强中英两国间资本与优秀科研成果的对接及转化。

（4）推广实施科技创新券。为引导企业创新，培育科技服务市场，科技创新券通过"企业支付一部分、创新券补贴一部分"的方式鼓励企业采购高质量、高价值的专业服务，以技术转移、成果转化为主要逻辑链，拆解出 8 项细分的支持内容。创新券委托第三方机构——国家技术转移东部中心运营，自 2016 年 3 月上线以来，线上服务机构总数累计 134 家，受理企业需求 177 个，发放创新券金额 1020 万元。

（三）技术交易现状

2015 年，上海经认定登记的技术合同数为 22513 项，比去年下降了 10.8%，成交总额 707.99 亿元，比去年增长了 6.0%。平均每项技术合同成交额 314.48 万元。技术开发、技术转让、技术咨询、技术服务四类技术合同中，共签订技术开发合同 9579 项，成交金额为 321.49 亿元，占总成交金额的 45.4%；技术转让合同 1050 项，成交金额为 296.99 亿元，占总成交金额的 41.9%；技术咨询合同 2458 项，成交金额为 5.32 亿元，占总成交金额的 0.8%；技术服务合同 9426 项，成交金额为 84.2 亿元，占总成交金额的 11.9%。技术合同向本市输出的合同数为 13988 项，占总成交金额的 65.1%，成交金额为 285.15 亿元，占总成交金额的 56.4%；输出到江苏省的合同数 1542 项，占 21.2%，成交金额 32.66 亿元，占 17%，输出到浙江省合同数 1167 项，占 16%，成交金额 9.48 亿元，占 4.9%。从地区来看，近半数合同集中在长三角地区，合同数 2640 项，占 49.6%，成交金额 40.98 亿元，占 43%。这说明，上海输出技术合同对长三角地区的经济发展建设起到了有效的引领和带动作用。

四、安徽省出台的重要举措及现状

（一）重要举措

为贯彻落实《中华人民共和国促进科技成果转化法》、《国务院办公厅关于印发促进科技成果转移转化行动方案的通知》精神，安徽省人民政府办公厅于 2016 年 8 月印发《安徽省促进科技成果转移转化行动实施方案》（皖政办〔2016〕40 号）。《安徽省促进科技成果转移转化行动实施方案》（以下简称《方案》）以建立科技成果信息平台为基础，以构建技术市场网络为依托，以推进科技成果转化载体建设为支撑，充分调动企业、高校、科研院所和科技社团、技术转移机构、技术转移人才的积极性，形成了符合科技创新规律和市场经济规律的科技成果转移转化体系，加快了科技成果转化为现实生产力的进程。

《方案》通过布局五大重点任务，力争"十三五"期间企业、高校和科研院所科技成果转移转化能力显著提高，市场化的技术交易服务体系进一步健全，科技成果转化载体蓬勃发展，专业化技术转移人才队伍发展壮大，科技成果转移转化的制度环境更加优化。

五大重点任务分别为：建立科技成果信息共享与发布体系；强化科技成果转移转化市场化服务；推进科技成果转移转化载体建设；产学研协同开展科技成果转移转化；发挥科技成果转移转化人才队伍的支撑作用。

《方案》明确提出，"十三五"期间，安徽要建立科技成果信息共享与发布体系。

（1）建立安徽省科技成果信息系统。构建省级科技成果数据库和数据服务平台，加强与国家科技成果信息系统的交互对接，在不泄露国家秘密和商业秘密的前提下，向社会公布科技成果和相关知识产权信息，提供科技成果信息查询、筛选等公益服务。加强科技成果数据资源开发利用，积极开展科技成果信息增值服务。

（2）完善科技成果信息登记制度。建立科技成果在线登记系统，畅通科技成果信息收集渠道。财政资金支持的科技项目在立项时，应约定科技成果登记事项。财政资金支持的科技项目形成的科技成果，在结题验收后 1 个月内，应在省科技成果信息系统进行登记。非财政资金资助的科技成果按照自愿原则和相关要求进行登记。

（3）推动先进适用科技成果信息发布。鼓励企业、高校和科研院所通过省科技成果信息系统及行业、区域信息系统，发布符合产业转型升级方向的科技成果和科技成果包。支持通过国防科技工业成果信息与推广转化平台，发布军用技术转民用推广目录、"民参军"技术与产品推荐目录、国防科技工业知识产权转化目录。

为进一步强化科技成果转移转化市场化服务，《方案》明确了以下三项举措：

（1）建设安徽省网上技术市场平台。以"互联网＋"科技成果转移转化为核心，以需求为导向，连接技术转移服务机构、投融资机构、高校、科研院所和企业等，集聚成果、资金、人才、服务、政策等各类创新要素，打造线上与线下相结合的安徽省网上技术市场平台。平台依托专业机构开展市场化运作，坚持开放共享的运营理念，支持各类服务机构提供信息发布、融资并购、公开挂牌、竞价拍卖、咨询辅导等专业化服务，鼓励企业、科技中介机构等通过平台发布相关技术需求信息，形成主体活跃、要素齐备、机制灵活的创新服务网络。

（2）建立完善技术转移机构。支持各地和有关机构建立完善区域性、行业性技术市场，形成不同层级、不同领域技术交易有机衔接的新格局。支持企业、高校、科研院所建设一批运营机制灵活、专业人才集聚、服务能力突出、具有较大影响力的技术转移机构，鼓励省外高校、科研院所等在安徽省设立专业化的技术转移机构，打造连接国内外技术、资本、人才等创新资源的技术转移网络。支持中国科学技术大学、中国科学院合肥技术创新工程院等建设示范性国家技术转移机构，推动省级技术转移机构规范化发展。开展技术转移机构绩效评价，择优给予适当经费补助。

（3）推进科技成果评价试点。鼓励有条件的技术转移机构、科技学会协会等，探索开展市场导向的应用技术成果和软科学研究成果评价试点，对科技成果的科学性、创造性、先进性、可行性和应用前景等开展评价，为发现科技成果价值、交易估值、作价入股和质押融资等提供辅助决策和参考依据。

在推进科技成果转移转化载体建设方面，《方案》明确了"十三五"时期重点建设三大科技成果转化载体。

（1）建设科技成果中试熟化载体。鼓励各地围绕省战略性新兴产业集聚发展基地建设和区域特色产业发展、中小企业技术创新需求，建设一批投资多元化、运行市场化、管理现代化，创新创业与孵化育成相结合，产学研用紧密结合的科技成果中试熟化载体和新型研发机构。重点推进中国科学技术大学先进技术研究院、合肥工业大学智能制造技术研究院等新型研发机构建设。对属于省重点扶持的新型研发机构，择优给予适当经费补助。

（2）建设科技成果产业化基地。依托合芜蚌国家自主创新示范区、省战略性新兴产业集聚发展基地、高新区、农业科技开发园区、可持续发展实验区、大学科技园等创新资源集聚区域以及高校、科研院所、行业骨干企业等，建设一批科技成果产业化基地，引导科技成果对接特色产业需求转移转化，培育新的经济增长点。

（3）建设科技成果转移转化示范区。依托合芜蚌国家自主创新示范区，积极申报建设国家科技成果转移转化试验示范区，跨区域整合成果、人才、资本、平台、服务等创新资源，推动一批符合产业转型发展需求的重大科技成果在示范区转化与推广应用，在科技成果转移转化服务、金融、人才、政策等方面，探索形成一批可复制、可推广的工作经验与模式。

为了推进产学研协同开展科技成果转移转化，《方案》指出：

（1）支持创新主体开展科技成果转移转化。鼓励本省企业和高校、科研院所以技术入股、转让、授权使用等形式在省内转移转化科技成果，按其在"全国技术合同网上登记系统"的技术合同成交并实际到账额，省给予技术输出方一定比例的经费补助。对本省科技型中小企业购买省内外先进技术成果，按其实际支付技术合同金额数，择优给予一定比例的经费补助支持。推进科技成果使用权、处置权和收益权管理改革，对实质参与研发的高校、科研院所具有领导职务科研人员，可按实际贡献享受成果转化收益分配政策。

（2）构建产业技术创新联盟。发挥行业骨干企业、转制科研院所等的主导作用，联合上下游企业和高校、科研院所等构建一批产业技术创新联盟，围绕产业链构建创新链，推动跨领域跨行业协同创新，加强行业共性关键技术研发和推广应用，为联盟成员企业提供订单式研发服务。支持联盟承担重大科技成果转化项目，探索联合攻关、利益共享、知识产权运营的有效机制与模式。

（3）要发挥科技社团促进科技成果转移转化的纽带作用。深入实施创新驱动助力工程，提升学会服务科技成果转移转化能力和水平，利用学会服务站、技术研发基地等柔性创新载体，组织动员学会智力资源服务企业转型升级，建立学会联系企业长效机制，开展科技信息服务，实现科技成果转移转化供给端与需求端的精准对接。

《方案》还从人才培养方面对发挥科技成果转移转化人才队伍的支撑作用提出以下要求：

（1）开展技术转移人才培养。依托合芜蚌人才特区和国家技术转移示范机构，加快培养科技成果转移转化领军人才，推动建设专业化技术经纪人队伍。鼓励高校、科研院所、企业中符合条件的科技人员从事技术转移工作。

（2）组织科技人员开展科技成果转移转化。实施科技专家服务基层行动计划、科技特派员制度等，动员高校、科研院所、企业的科技人员，深入企业、园区、农村等基层一线开展技术咨询、技术诊断、技术服务、科技攻关、成果推广等科技成果转移转化活动，打造一支面向基层的科技成果转移转化人才队伍。

（3）强化科技成果转移转化人才服务。构建"互联网＋"创新创业人才服务平台，提供科技咨询、人才计划、科技人才活动、教育培训等公共服务，实现人才与人才、人才与企业、人才与资本之间的互动和跨界协作。围绕支撑战略性新兴产业集聚发展，引进培育一批科技领军人才，支持有条件的企业设立院士（专家）工作站、博士后工作站，为高层次人才与企业、地方对接搭建平台。对高层次科技人才团队在省内转化科技成果并实现产业化的，省市择优分别给予资金投入参股扶持。

（二）发展现状

2016 年，安徽省全年用于研究与试验发展（R&D）经费支出 475 亿元，增长 9.9%；相当于全省生产总值的 1.97%，比上年提高 0.01 个百分点。全年取得省部级以上科技成果 560 项。受理申请专利 172552 件，授权专利 60982 件，比上年分别增长 35.1% 和 3.3%。

2016 年，全省经认定登记的技术合同 12969 项，合同成交额 217.74 亿元，较上年增长 14.3%；平均每项技术合同成交额 167.89 万元，较上年增长 10.1%。全省企业输出技术合同 10500 项，合同成交额 204.6 亿元，分别占全部输出技术合同的 81.0% 和 94.0%；全省企业吸纳技术合同 9081 项，合同成交额 160.5 亿元，分别占全部吸纳技术合同的 69.8% 和 79.6%。

在推进科技成果转化中，安徽全省各地大胆实践、努力探索，在把握规律的基础上，不断创造新模式，总结新经验。概括起来，主要有四个方面的模式：

（1）围绕需求抓转化的模式。研发向企业集聚，企业主导研发，在解决"两张皮"的问题上逐步探出了路子。企业跟着市场需求走，高校和科研院所跟着企业走，题目从企业中来，成果到企业中去，成为全省科技成果研发转化的主流模式。如合肥工业大学很好地摆正自主研发和市场需求的关系，自觉服务企业主体，让一大批科技成果直接在企业中得到转化，学校 50% 以上的科技成果转化在安徽，取得了巨大的经济效益和社会效益。

（2）立足引进再转化的模式。安徽省自主创新是开放的创新，特别是皖江城市带承接产业转移示范区和合芜蚌自主创新综合试验区两大战略平台的相互融合，促进了开放和创新的相得益彰。各地在产业承接的过程中，注重在引资的同时引才引智，为科技成果转化注入了新的力量。如合肥市整体引进京东方新型平板显示项目、资本和团队，不仅形成了自主研发的能力，而且带动了微电子、光电子、半导体工程、新材料等一大批关联成果的转化。

（3）强化载体促转化的模式。安徽省推进合芜蚌试验区建设，一开始就强调要加快科技成果研发、交易、转化、服务平台建设，对科技成果转化发挥了越来越重要的作用。如合肥市建设示范核心区"一中心、三基地"，在理念上注重创新要素的集聚，注重科技成果转化的全要素支撑，注重研发进得来、转化得出去的双向通道的形成，注重政府公共服务的强化，在科技成果展示、信息处理、人才服务、中介服务等方面逐步形成体系，并为战略性新兴产业、动漫与服务外包等现代服务业发展提供共性技术服务，着力通过成果转化打造一批新兴产业基地。

（4）政府助推转化的模式。在推进产学研结合中，各地注重发挥政府的引导作用，逐步探索从产学研结合到官产学研结合的路子。一些地方强化规划指导、政策引导和统筹协调，着力为产学研结合提供有效的公共服务。如芜湖市在全省率先出台专门政策，促进高校科研机构科技成果转化，与中央驻皖高校、科研院所建立了全面合作关系。

（三）技术交易现状

2016 年，安徽省经认定登记的技术合同 12969 项，合同成交额 217.74 亿元，较上年增长 14.3%。平均每项技术合同成交额 167.89 万元。全省输出技术合同共 12966 项，合同成交额 217.37 亿元，较上年增长 14.1%。其中，输出到省内 9943 项，合同成交额 103.57 亿元，分别占全部输出技术合同的76.7% 和 47.7%；输出到省外 3023 项，合同成交额 113.8 亿元，分别占全部输出技术合同的 23.3% 和 52.4%。

第二十八章　长三角区域科技成果转移转化存在问题分析

一、高校院所的应用研究导向亟待加强

目前，高校院所科研评价体系侧重于对课题经费数、论文数、专利数、获奖成果数的考核，而对科技成果转化产业化数量、产业化的经济社会效益的重视不够，这种制度安排下，直接导致高校院所科研人员重视论文产出、承担项目的数量与级别，而对研究成果的质量及成果的市场应用推广价值重视不够。因此，亟待强化高校院所的应用研究导向，提高高校院所的应用研究服务能力，促进科技成果从高校院所向企业的转移转化。

（一）科技成果实用性不高

我国高校院所虽然每年开发出数以万计的科技成果，但大部分科技成果因为不具有生产的可行性和应用方面的经济性，偏离市场实际需求而被束之高阁。高校院所科技成果由于自身原因而无法转化为现实生产力，不仅是对科研资源的一种浪费，更不利于我国现阶段的经济发展。高校院所科技成果偏离市场实际需求与我国现行的科研评价体制息息相关。长期以来，我国高校院所都偏重以课题层次、科研数量和获奖等级评价科研水平，而很少关注科技成果如何转化为现实生产力。这种过分注重科研成果的学术价值而忽略社会经济价值的评价体系，以致科研人员在选题立项时更侧重于前沿和高新的技术领域而忽视社会经济的实际需求，在课题研究时侧重于理论和技术分析而忽视市场调研。结果导致科技成果的社会经济价值较低，缺乏进一步开发和转化的可行性

和经济性，从而也就不能满足市场的实际需求。

（二）缺乏专业化的技术转移机构和人才

跟国外高校院所相比，我国高校院所普遍缺乏的是专业化的转移机构和转移人才。高校院所科技成果转化服务机构是加快科研成果转化和产业化的桥梁和纽带，一方面为高校院所寻找可实现其科技成果价值的企业；另一方面，为企业提供可产生最大经济效益的科技成果。随着高校院所需要转化的科技成果的增多，其对专业化服务机构的需求也是逐渐增加的，目前不仅社会上缺乏专业化的科技成果转化服务机构，而且高校院所内部也很少建立专业化科技成果转化管理机构。高校院所外的科技成果转化服务机构更多的是一个信息共享平台，主要负责把高校院所的科技成果信息和企业需求信息传递给对方，而没有进一步的信息筛选和匹配以及后续服务工作。而高校院所虽建有科研处和产业处，它们的作用也仅仅停留在提供信息、咨询服务的阶段，并未有效消除双方的信息不对称。同时，它们之间往往缺乏统一协调，研究项目与成果产业化脱节，无法形成有效供给。

二、企业投入和研发能力亟待加强

目前，企业在技术创新与成果转化产业化的意识上出现追求短期经济效益的问题，技术开发以投资收益周期短、进入壁垒低的技术跟踪模仿为主，缺乏自身技术沉淀，创新成果产出有限，研发机构建设相对滞后，导致企业研发人才的集聚受到阻碍，直接影响了企业技术创新与成果转化产业化能力。因此，亟待强化企业技术创新与成果转化产业化的主体地位，提高企业承接高校院所的科技成果和研发能力，加快科技成果向现实生产力转化。

（一）对科技成果转化的资金投入不足

目前，企业对科技成果转化的资金投入不足是制约科技成果效率的一个重要问题，长三角区域中小企业多，企业的经济实力薄弱，对于技术创新和产品开发的投入不足。民营企业缺少融资渠道，受资金问题的影响对科学技术成果的重视程度不够，许多项目因资金不足而停止。相比于中小型企业，国有大型企业拥有相对雄厚的经济基础，但是对于科技成果转化存在的风险，企业不愿意冒险尝试。由于目前风险投资体系还不够完善，原始科学技术的产业化不好，是企业科技成果转化存在的部分问题。企业没有自主开发能力，需要从外部寻找具有良好前景的项目。作为科学技术成果的研究方，大部分院校和科研所只重视理论研究和论文，轻视了实际成果的转化，不能直接满足企业生产能力的需求，给企业带来经济效益，需要企业进行进一步的探索实验。研究所和院校的科研经费由政府调拨，资金有限，只能研究一些小的项目，对于有长远发展能力的大项目缺乏研究，项目也不够成熟。科研单位只是为了完成指标，没有真正地实现与企业的合作，对技术的投入不重视是项目不成熟的重要原因。科技项目的不成熟使企业在转化过程中存在风险，所以企业不愿意面临这种风险而减少了资金投入和企业科技成果转化的投入。

（二）企业技术创新能力不强

科技资源主要集中在高校院所，高水平创新成果主要产生在基础研究和知识创新领域，大多数企业技术创新能力不强，承接科技成果转化和产业化的能力不足，产学研结合不紧密，高校院所科技成果转化率不高。政府对企业自主创新的奖励激励机制不多，企业发展方式粗放、创新能力薄弱。高新技术企业、工程技术研究中心、创新型企业、科技企业孵化器等科技创新平台较少。多数中小企业企业仍未设立技术研发机构，技术创新能力不强。由于现行体制机制，导致高层次人才更愿意到高校院所发展，企业的专业科研人员匮乏，很多企业难以形成研发能力，即使引进技术和项目，也难以达到消化吸收再创新的目的。缺少原创科研成果，拥有专利数量不足，甚至还存在"零专利"企业。企业研发人员缺乏创新，急于追求结果没有考虑企业科技成果转化中的细节问题，或者没有与市场相结合，阻碍了科技成果的转化。

三、科技中介的服务能力亟待加强

科技中介服务机构是面向社会开展技术扩散、成果转化、科技评估、创新资源配置、创新决策和管理咨询等专业化服务的机构，属于知识密集型服务业，是国家创新体系的重要组成部分。由于我国科技中介服务机构的发展尚处于起步阶段，和国外科技中介相比落后很多，科技中介的核心作用没有真正发挥出来，尤其是科技中介的催化剂作用和孵化作用没有得到很好的体现。因此，亟待强化科技中介服务能力，建立一支既熟悉市场又具备科研素养的专业化成果转化服务队伍。

（一）科技中介服务能力强度不够

长期以来，受体制影响科技成果主要集中在高校院所，其中高校院所的科技成果大多受政府财政资助，然而现行的资产管理政策规定受财政支持取得的科技成果交易获取的股权视为国有持股，致使对科研人员的激励不够，使得大多职务成果私下转化或不转化。在私下转化过程中，科研人员与企业之间的信息不对称进一步阻碍了成果的对接与转化。科技中介机构在一定程度上缓解了这种成果供需双方的信息不对称问题，但是在成果对接过程中，技术的信息不对称也是阻碍成果转化产业化的重要因素。目前，大多数科技中介机构服务主要局限在为成果供需方提供"牵线搭桥"式的信息服务，开展技术评价、技术定价、风险评估等服务的中介机构仍较少。因此，亟待加强科技成果技术评价的平台建设，拓展增值服务，实现良性发展。

（二）技术经纪服务无法满足市场需求

虽然我国技术经纪人发展史已有多年，但仍处于初级阶段，专业人才仍十分匮乏，真正从事科技评估、法律咨询、审计、仲裁、风险投资等业务的机构和人员少之又少，全国具有执业资格的技术经纪人数量非常有限。目前，长三角区域基本制定了技术经纪人管理办法和开展培训工作。上海的经纪人队伍建设目前在全国处于领先位置，据了解 2015 年上海市技术交易额达到 707.99 亿元，但目前整个上海只有数千人取得技术经纪人的执业资格。技术交易市场庞大的需求，使高水平的技术经纪人到了奇货可居的程度。既与科技研发单位无关又与企业无关的专门经纪人几乎没有，技术经纪人队伍存在数量不足、质量不高、缺乏复合型、高水平的专门人才等问题，一些经纪人服务范围有限，服务质量和水平也不高。技术市场主体之一的中介方——技术经纪人的严重缺位，使技术商品的流向缺乏调控和引导力，形成了科技成果供、需方转化信息不畅通的"瓶颈"问题。

四、区域协作方面，长三角区域联动亟待加强

长三角是我国经济发展水平最高、综合实力最强的地区之一，也是市场化发育程度最高和最具活力的地区之一。但不可否认的是，在长三角，由于行政区经济的实际存在及地区考核制度的客观限制，各地企业在科技成果转化过程中，依然会碰到不少地区壁垒、体制障碍和规章制度相互不一致、不协调的地方及地区利益的分歧。地区间市场壁垒、体制障碍和规章制度相互不一致、不协调，在科技成果转化活动中势必会增加企业的成本包括政府的交易成本。所以，在长三角科技成果转移转化的区域发展过程中，必需加强政府的合作和联动，打破地区分割，加强统一市场建设。同时，加强地区间发展的协同和协调，提升区域综合竞争力。在这其中，由政府层面尽快推进区域统一市场建设的合作和联动是解决问题的关键。在一定意义上可以说，地区合作和联动的核心是政府间的合作和联动。

第二十九章 长三角区域科技成果转移转化发展对策建议

一、推动科技供给侧改革，加大有效科技成果供给

（一）加强高校院所成果转化与产业化导向

转变立项观念，强化科技成果的转化意识。树立以推广应用为目的、以争取科研经费为手段、以取得成果和效益为动力的观念，破除高等院校根深蒂固的重研究轻开发、重论文轻实践的思想。深化高校院所科研评价体系，鼓励高校院所把争取企业横向科研经费与政府科研经费之比作为考核评价的重要指标，科学设定对从事基础研究、应用研究与技术开发的科研人员考核办法，建立符合科技成果转化工作特点的职称评定、岗位管理和考核评价制度，增设"技术转移转化应用"系列职称，或增设相应流动岗位。

（二）鼓励高校院所设立技术转移中心

委派专人从事技术转移与成果转化产业化工作，建立与成果转化产业化目标任务完成绩效挂钩的考核、激励机制，引导高校院所科研面向市场，解决科技成果脱离市场问题。高校内部应整合科研处、产业处以及学校其他部门的物力、财力和人力资源，建立负责科技成果转化工作的专业机构。高校外的科技成果转化服务机构应主要依托大学科技园、专业研究院和行业组织构建技术交易、投融资等支撑服务平台，开展技术开发和市场需求对接，科技成果和风险

投资对接，形成市场化的、专业化的科技成果转化运营体系。

二、加强企业研发能力建设，使企业成为科技成果转化主体

（一）鼓励企业加大研发投入

鼓励和促进企业加大研发投入力度，引导各类创新要素向企业集聚，提高技术自给率，掌握发展主动权，建立稳定的科技投入增长机制。加快优化企业研发投入结构，切实增强企业技术创新能力。加快激励企业研发投入的政策和制度环境建设。制定相应的优惠政策鼓励企业自主创新，促进企业科技成果的转化。鼓励企业加大对科技创新的投入，设立奖金对科技成果突出的研究人员进行鼓励。设立科技成果转化专项资金，鼓励企业进行科技成果转化。对于一些资金缺乏的企业，政府可以给予一定的财政资金周转，降低企业贷款的利率对企业进行引导。鼓励企业增加对科技创新和科技成果转化产业化的投入，支持企业引进技术先进具有较强市场竞争力的项目，促进科技成果的转化。

（二）加强企业研发机构和创新人才队伍建设

建立健全创新载体的梯度培育体系，重点扶持一批创新型企业和高新技术企业建立企业研究院，力争培养成为国家企业技术中心、工程技术中心、重点实验室。支持有条件的企业做强做大研发中心，力争成为省级高新技术企业研发中心、企业技术中心和重点实验室。支持企业与高校、科研院所联合建立产业技术创新战略联盟，充分发挥高校院所的科研力量，促进产业关键共性技术的研发与成果转化产业化。实施省高层次创新人才计划，加大对海内外创新创业人才的引进力度，支持其带技术、带成果、带团队落地转化。实施省企业技术创新团队和科技创新团队建设建设，加大企业创新人才的培养力度。完善科技特派员和块状经济专家服务组制度，帮助解决农业、工业企业科技创新的技术难题，提升企业技术吸纳与承接能力。

三、加快科技中介服务发展，促进科技成果转稿转化

（一）加快发展技术转移转化中介机构

加强示范机构的培育，对认定国家级的中介服务机构，优先予以支持，促进行业大力发展。完善专业化服务标准，健全发明专利评估、交易、咨询、代理、诉讼、专利检索和人才引进等中介服务体系。鼓励科技中介服务机构规范化、专业化、网络化发展，不断拓宽服务领域。鼓励中介机构积极参与成果转化交易平台建设，积极开展技术评估、技术转移、知识产权保护等科技成果转移转化服务。组织中介服务机构跟高校院所深入对接，为它们的发展和业务拓展提供更好的管理条件，对规模化发展的机构，从中介服务体系与科技金融的结合卜面予以优先支持。

（二）加强技术经纪人的培育

下大力气培育一支既熟悉市场又具备科研素养的专业化成果转化服务队伍。加强对技术转移机构从业人员进行全方位的业务知识和技能培训，建立和完善技术转移相关职业和岗位资质认证制度，逐步提高技术转移队伍的专业素质和服务水平，培养一支由多层次技术经营人才及大量合格的技术经纪人构成的技术转移人才队伍。加大吸引在国外从事技术转移的留学人才和外籍人才创办技术中介机构的政策扶持力度，必要时给予适当资金补助。对科技成果转化做出突出贡献的人才，根据其实际贡献程度给予资助和补贴。鼓励以智力资本入股或参与分红。对引进的科技服务业高层次人才给予户籍、住房、医疗、配偶就业、子女上学等方面的扶持政策。

四、强化科技成果中试熟化，加快建设一批科技成果转化基地

（一）强化科技成果中试熟化

支持省级以上高新区、各类科技城，围绕区域主导产业发展、中小企业技术创新需求，大力建设中试基地和成果转化公共服务平台，开展研发设计、检验检测认证、科技咨询、技术标准、知识产权、投融资等服务，促进科技成果中试熟化与产业化开发。大力推广使用创新券，支持企业利用重大科研基础设施、大型科研仪器和各类公共技术服务平台开展科技成果中试熟化。

（二）加快建设一批科技成果转化基地

大力引进重大科技成果转化落地，加强重大成果转化项目发现和支持机制，探索科技成果转化模式。支持长三角区域科技成果转移转化，充分发挥各省经济发展优势，推动互联网向各领域融合渗透，选择在有条件地区建设一批提供综合实验研究、工业设计、中试熟化、产品应用于一体的科技成果转化基地。积极吸引国内外先进技术成果应用，努力打造具有国际先进水平的成果转化基地。

五、不断完善政策配套支持，加强科技成果转移转化制度保障

（一）加大成果转化产业化金融扶持

鼓励和引导金融资本和社会资本加强对科研事业单位、高等学校的科研机构、各类企业和社会组织中的科研机构在科技成果转化和产业化过程中的融资支持，优化科技金融服务环境。鼓励金融机构、投资机构、专业性及综

合性科技金融服务机构，在天使投资和创业投资、科技贷款、融资担保、融资租赁、科技保险、多层次资本市场和中介服务等方面开展创新，为科研机构科技成果转化和产业化提供服务和支持。重点是构建银行信贷一块、风险资本投资一块、知识产权质押一块、科技担保一块、科技保险一块、财政支持一块的"六个一块"省科技投融资体系，引导各类资金加大对科技成果转化产业化和产业化的支持力度，积极探索成果转化产业化中试环节失败的风险共担机制。

（二）建立健全科技成果转化产业化机制

探索开展股权与分红激励改革试点，鼓励高校院所科研人员的职务科技成果的转化，在作价入股的企业中实施股权和分红激励试点，对职务科技成果完成人进行科技成果转化产业化收益奖励，调动科研人员面向市场开展研究、实施科技成果转化产业化的积极性。加强知识产权保护和服务机制建设。以专利权为核心，建立重大科技、经济活动知识产权评议机制，并提供知识产权维权援助支持。加大对企业申报国内外专利、注册商标，取得国际标准认证、参与国内外标准制定的扶持力度。对属十大产业的重点企业的知识产权侵权进行严厉查处或提供维权支持。

六、建立长三角合作交流平台，加强长三角科技成果转移转化

要注重建立与产业规模相对应、拥有自主知识产权的核心技术积累和能力。建立长三角区域联合研发机构，围绕急需本土化或国产化的重大技术和行业共性难题，组建重点实验室、企业技术中心、工程研究中心、工程技术研究中心、外资研发机构等联合研发机构，进行重点研发攻关。联合研发机构以区域间有优势学科的科研院所或行业龙头企业为实施主体，政府财政资金支持为主，企业、院所资金为辅，将院所原有的基础研究性技术与设备和企业原有的应用性技术与设备投入其中，联合形成有资金保障、技术和人才作为支撑共同参与的一种模式。联合研发机构将区域间松散的科研资源聚集起来，打破长

三角地区的各行政区划的研发和应用壁垒，能够聚集研发力量，方便科技应用，形成以某一技术难题为课题的研发组织，对前沿技术和行业共性难题进行研究，有利于关键核心技术取得突破，形成具有自主研发、国际领先的技术群。

参考文献

科技创新政策篇

［1］王海军，骆建文．基于长三角经济带发展的上海科技创新中心建设对策［J］．科技管理研究，2016（8）：64－68．

［2］周敏．建设世界级城市群——《长江三角洲城市群发展规划》发布［J］．科技智慧，2016（8）：23－29．

［3］周华东．科技政策研究：嬗变、分化与聚焦［J］．科学学与科学技术管理，2011（11）：5－13．

［4］曲泽静，史安娜．基于结构方程模型的区域自主创新能力评价——以长三角地区为例［J］．科技进步与对策，2011（16）：109－112．

［5］杨耀武，张仁开．长三角区域科技创新政策评估及路线图研究［J］．科研管理，2010（S1）：84－88．

［6］冯锋，汪良兵．协同创新视角下的区域科技政策绩效提升研究——基于泛长三角区域的实证分析［J］．科学学与科学技术管理，2011（12）：109－115．

［7］李响，严广乐，蔡靖婧．多层次治理框架下的区域科技创新系统治理——理论、实践比较及对中国的启示［J］．研究与发展管理，2013（1）：104－114．

［8］张仁开，杨耀武．长三角科技创新政策：需求、瓶颈与突破［J］．安徽科技，2009（4）：4－6．

［9］皮宗平．长三角两省一市科技合作的现状及对策建议［J］．特区经济，2009（4）：45－47．

［10］贺德方．对构建科技创新政策体系的几点思考［J］．智库理论与实践，2016（4）：1-4.

［11］梅姝娥，仲伟俊．科技创新政策体系及其协调性［J］．科技管理研究，2016（15）：32-37.

［12］李永生．我国科技政策评估：作用、问题及其对策［J］．科技管理研究，2011（21）：24-27.

［13］刘可文，车前进，梁双波．长江三角洲区域开放开发政策的内涵与演变［J］．地域研究与开发，2015（4）：12-17.

［14］胡艳君．地区经济差异与协调发展关系探析——以长三角地区为例［J］．现代经济探讨，2010（3）：58-62.

［15］曾刚，林兰，叶森．长三角区域产业联动的理论与实践［J］．上海城市规划，2011（2）：18-25.

科技条件篇

［1］皮晓青，唐守渊，冯弛，梁伟，王润．科技资源开发与共享策略研究［M］．重庆：西南师范大学出版社，2009.

［2］孙绪华，伊影，高鲁鹏，杨实君．以机制创新推进大型科学仪器设备共享［J］．中国科技资源导刊，2009（4）．

［3］王瑞丹，王祎．基于科技资源管理与共享的科技评估探讨［J］．中国科技论坛，2011（12）．

［4］杨桂芳，陈正洪．国内外大型仪器设备开放共享机制对比研究［C］．北京高教学会实验室工作研究会2008年学术研讨会论文集，2008.

［5］薛飞，皮宗平，杨耀武．长三角科技创新合作与发展战略研究［M］．南京：东南大学出版社，2010.

［6］王祎，华夏．促进我国科学仪器管理与共享的政策建议［J］．中国科技论坛，2012（11）．

［7］黄正．大型科学仪器设备共享管理的立法架构［J］．科技管理研究，2010（11）．

［8］李金根．安徽省科技基础条件资源现状及共享利用的思考［J］．安徽科技，2010（2）．

［9］曹志鹏．创新驱动发展模式下我国科技资源配置效率［J］．企业经济，2013（8）．

［10］唐玉英．科技资源共享平台构建思想和技术方法研究［J］．决策咨询，2015（5）．

［11］石蕾，鞠维刚．我国重点科技基础条件资源配置的现状与对策［J］．科学管理研究，2012（8）．

［12］何世伟，吴晓玲．浙江省科技基础条件资源调查报告——大型科学仪器设备基本数据分析［J］．今日科技，2009（12）．

科技园区篇

［1］胡俊峰．长三角地区跨区域联合开发区管理机制研究［J］．南通大学学报（社会科学版），2014（5）：14-22.

［2］沈宏婷，陆玉麒．开发区转型的演变过程及发展方向研究［J］．城市发展研究，2011，12：69-73.

［3］邵家营．开发区的空间扩展与治理研究——以上海漕河泾新兴技术开发区为例［D］．上海：华东师范大学，2013.

［4］滕堂伟，曾刚．集群创新与高新区转型［M］．北京：科学出版社，2009.

［5］王兴平等．开发区与城市的互动整合——基于长三角的实证分析［M］．南京：东南大学出版社，2013.

［6］曾刚，林兰．长江三角洲区域产业联动的理论与实践［J］．中国发展，2009，9（1）：69-75.

［7］郑江淮，高彦彦，胡小文．企业"扎堆"、技术升级与经济绩效［J］．经济研究，2008（5）：33-46.

［8］Feldman M P. The new economic of innovation, spillovers and agglomeration: a review of empirical studies, 1999（8）：5-25.

生物医药产业篇

［1］上海市统计局．上海统计年鉴2015［M］．上海：上海市统计局，2015.

［2］上海市统计局．上海统计年鉴 2016［M］．上海：上海市统计局，2016.

［3］江苏省统计局，国家统计局江苏调查总队．江苏统计年鉴 2015［M］．江苏：中国统计出版社，2015.

［4］江苏省统计局，国家统计局江苏调查总队．江苏统计年鉴 2016［M］．江苏：中国统计出版社，2016.

［5］安徽省统计局．安徽统计年鉴 2015［M］．安徽：安徽省统计局，2015.

［6］安徽省统计局．安徽统计年鉴 2016［M］．安徽：安徽省统计局，2016.

［7］中国经济时报制造业调查组．中国制造业大调查——迈向中高端［M］．北京：中信出版集团，2016.

［8］李廉水．中国制造业发展研究报告 2015［M］．北京：北京大学出版社，2016.

［9］吕佳．长三角地区高端装备制造业国际竞争力研究［D］．硕士学位论文，浙江工业大学，2011.

［10］穆一戈．长三角战略性新兴产业协同发展［D］．硕士学位论文，上海工程技术大学，2015.

［11］江苏省科学技术厅．江苏省生物技术和新医药产业发展规划纲要（2009 – 2012 年）［Z］．南京：江苏省科技厅，2009.

［12］中国医药工业信息中心．2014 年度中国医药统计年报（快报）［M］．上海：中国医药工业信息中心，2015.

［13］北京生物医药产业发展报告编辑委员会．启航 2014，北京生物医药产业发展报告［M］．北京：科学出版社，2014.

［14］宋国梁，张澄洪，吴磊．江苏生物医药产业在国内发展现状及比较分析［J］．天津科技，2016（2）：9 – 12.

［15］张澄洪，郦雅芳，吴磊．"十一五"我国生物医药产业发展态势［J］．江苏科技信息，2011（11）：4 – 5.

科技成果转移转化篇

［1］阚珂，王志刚．中华人民共和国促进科技成果转化法释义［M］．北京：中国民主法制出版社，2015（10）．

［2］国务院新闻办公室．《促进科技成果转移转化行动方案》相关政策解读［EB/OL］．http：//www. scio. gov. cn/34473/Document/1478152/1478152. htm，2016 - 05 - 19.

［3］杜乾香．高校科技成果转化存在的问题及对策［J］．经营管理者，2017：251.

［4］魏丹，李晓琳．浅析企业科技成果转化存在的问题［EB/OL］. http：//www. xzbu. com/1/view - 7305027. htm.

［5］沈玉芳．长三角的区域竞争、合作和联动发展［N］．中国经济时报，2004 - 2 - 2.

［6］陈东林，张晶晶．高校科技成果转化现状及促进对策［J］．企业经济，2011（12）：115 - 117.

［7］汪艳，许哲宝，汪文忠．长三角科技成果转化组织路径研究［J］．绍兴文理学院学报，2016，36（3）：99 - 101.

［8］上海市科学技术委员会．《关于进一步促进科技成果转移转化的实施意见》解读［EB/OL］. http：//www. stcsm. gov. cn/gk/zchd/zcjd/342848. htm.

［9］上海市科学技术委员会．《关于改革和完善本市高等院校、科研院所职务科技成果管理制度的若干意见》解读［EB/OL］. http：//www. stcsm. gov. cn/gk/zcjd/338476. htm.

［10］上海市科学技术委员会．《上海市促进科技成果转化条例》解读［EB/OL］. http：//www. stcsm. gov. cn/gk/zc/zcjd/zjjd/349618. htm.

［11］上海市统计局．2016 年上海市国民经济和社会发展统计公报［EB/OL］. http：//www. stats - sh. gov. cn/html/sjfb/201703/293816. html.

［12］上海市科学技术委员会．上海科技进步报告［EB/OL］. http：//www. stcsm. gov. cn/newspecial/2015jb/wzb. pdf.

［13］江苏省统计局．2016 年江苏省国民经济和社会发展统计公报［EB/OL］. http：//www. jssb. gov. cn/tjxxgk/xwyfb/tjgbfb/sjgb/201702/t20170227

299535. html.

［14］江苏省人民政府 . 江苏省国民经济和社会发展"十三五"规划纲要［EB/OL］. http：//gyj. wuxi. gov. cn/doc/2016/04/01/987182. shtml.

［15］浙江省科学技术厅 . 修订版《浙江省促进科技成果转化条例》发布［EB/OL］. http：//www. most. gov. cn/dfkj/zj/zxdt/201705/t20170510＿132688. htm.

［16］浙江省统计局 . 2016 年浙江省国民经济和社会发展统计公报［EB/OL］. http：//www. zj. stats. gov. cn/tjgb/gmjjshfzgb/201702/t20170224＿192062. html.

［17］安徽省人民政府 . 安徽省"十三五"科技创新发展规划［EB/OL］. http：//zt. tlu. edu. cn/s/33/t/87/bb/e6/info48102. htm.

［18］安徽省科学技术厅 . 2016 年上半年科技创新工作总结和下半年重点工作安排［EB/OL］. http：//220. 178. 18. 17/xxgkweb/blue/showView. jsp？unit = 002986088＆newid = 222327.

［19］安徽省科学技术厅 . 2016 年度安徽省技术合同交易统计公报［EB/OL］. http：//www. ahkjt. gov. cn/technologi/service/kjtj/jsscjy/webinfo/2017/01/1474180517210333. htm.

［20］安徽省科学技术厅 . 安徽省探索四种模式推进科技成果转化［EB/OL］. http：//www. most. gov. cn/dfkj/ah/zxdt/201106/t20110616＿87552. htm.